AF232975

CAUSERIES POPULAIRES ET FAMILIÈRES

POUR LA VULGARISATION DES LOIS ET DE LA JURISPRUDENCE

ENTRETIENS FAMILIERS

A LA PORTÉE DE TOUS

SUR LA

PRATIQUE GÉNÉRALE DES AFFAIRES

Par GUILLOCHIN-DELAHAYE

AVEC LE CONCOURS D'AVOCATS, D'OFFICIERS MINISTÉRIELS ET DE JURISCONSULTES

Directeur-Administrateur :

M. E. MICHEL

PUBLICATION MENSUELLE PARAISSANT LE 5 DE CHAQUE MOIS

PREMIÈRE BROCHURE

1er Mai 1876

On s'abonne à Paris, au Siége de l'Administration

2, RUE DE LA POTERIE

En vente, à l'Administration, chez tous les Libraires, dans les kiosques et Gares
de chemins de fer ; en Province, chez tous les Libraires et dans les Gares

P. P. P. P.

Mettez ce qu'il en coûte à plaider aujourd'hui,
Comptez ce qu'il en reste à beaucoup de familles,
Vous verrez que Perrin tire l'argent à lui,
Et ne laisse aux plaideurs que le sac et les quilles.

LA FONTAINE.

L'HUITRE ET LES PLAIDEURS

Un jour deux pélerins sur le sable rencontrent
Une huître, que le flot y venait d'apporter :
Ils l'avalent des yeux, du doigt ils se la montrent ;
A l'égard de la dent, il fallut contester.
L'un se baissait déjà pour ramasser la proie ;
L'autre le pousse, et dit : Il est bon de savoir
    Qui de nous en aura la joie.
Celui qui le premier a pu l'apercevoir
En sera le gobeur ; l'autre le verra faire.
    Si par là l'on juge l'affaire,
Reprit son compagnon, j'ai l'œil bon, Dieu merci !
    Je ne l'ai pas mauvais aussi,
Dit l'autre ; et je l'ai vue avant vous, sur ma vie.
Hé bien ! vous l'avez vue ; et moi je l'ai sentie.
    Pendant tout ce bel incident,
Perrin Dandin arrive : ils le prennent pour juge.
Perrin, fort gravement, ouvre l'huître, et la gruge,
    Nos deux messieurs le regardant.
Ce repas fait, il dit, d'un ton de président :
Tenez, la cour vous donne à chacun une écaille,
Sans dépens ; et qu'en paix chacun chez soi s'en aille.

Mettez ce qu'il en coûte à plaider aujourd'hui ;
Comptez ce qu'il en reste à beaucoup de familles :
Vous verrez que Perrin tire l'argent à lui,
Et ne laisse aux plaideurs que le sac et les quilles.

Paris. — Imp. E. Clémenceau, 10, rue des Petites-Écuries.

LA CHICANE

Entre ces vieux appuis, dont l'affreuse grand'salle
Soutient l'énorme poids de sa voûte infernale,
Est un pilier fameux des plaideurs respecté,
Et toujours des Normands à midi fréquenté.
Là, sur des tas poudreux de sacs et de pratique,
Hurle tous les matins, une sibylle étique :
On l'appelle Chicane, et ce monstre odieux,
Jamais pour l'équité n'eut d'oreilles ni d'yeux.
La Disette au teint blême et la triste Famine,
Les Chagrins dévorants et l'infâme Ruine,
Enfants infortunés de ses raffinements,
Troublent l'air d'alentour de longs gémissements.
Sans cesse, feuilletant les lois et la coutume,
Pour consumer autrui, le monstre se consume;
En dévorant maisons, palais, châteaux entiers,
Rend pour des monceaux d'or, de vains tas de papiers,
Sous le coupable effort de sa noire insolence,
Thémis a vu cent fois chanceler sa balance.
Incessamment, il va de détour en détour;
Comme un hibou, souvent il se dérobe au jour;
Tantôt, les yeux en feu, c'est un lion superbe;
Tantôt, humble serpent, il se glisse sous l'herbe,
En vain, pour le dompter, le plus juste des rois,
Fit régler le cahos des ténébreuses lois;
Ses griffes, vainement par Eussort raccourcies,
Se rallongent déjà, toujours d'encre noircies,
Et ses ruses perçant et digues et remparts,
Par cent brèches déjà rentrent de toutes parts.

BOILEAU.

SOMMAIRE

CAUSERIES POPULAIRES ET FAMILIÈRES

1er *Mai* 1876

1re CAUSERIE

Si vous le voulez bien, chers lecteurs, cette première causerie nous servira de préface, d'entrée en matière, elle nous permettra de faire connaissance et de vous indiquer le but que nous nous proposons.

La publication de nos causeries et de nos entretiens mensuels, n'a d'autre but que d'enseigner SOMMAIREMENT, aux personnes de toutes les classes de la société, et surtout à celles des travailleurs : ouvriers, artisans, commerçants, industriels, ce qu'on ne leur a jamais appris ; les lois, la jurisprudence, la triture des affaires, les droits et devoirs généraux et particuliers de chacun.

Cet axiome : NUL N'EST CENSÉ IGNORER LA LOI, est malheureusement peu compris, mais il est nécessaire ! La majorité des Français les ignore. Une ignorance complète serait préférable à leur connaissance superficielle et à leur interprétation erronée.

Nous essaierons d'enseigner à chacun tout ce qu'il doit faire pour éviter les procès, pour les prévenir par des conventions simples et claires, en éloignant des transactions usuelles l'esprit de chicane, que les vers de Boileau mis à dessein en tête de cette publication, démontrent si pernicieux pour ceux qui en sont possédés, nous indiquerons les moyens à prendre pour arriver à une transaction en ne perdant jamais de vue cet autre axiome très-véridique : LA PLUS MAUVAISE DES TRANSACTIONS VAUT MIEUX QUE LE MEILLEUR DES PROCÈS !...

Toutefois nos lecteurs trouveront dans nos causeries, *s'ils sont assez mal-*

heureux pour être obligés de PLAIDER, les moyens d'entamer les procès, de les suivre, d'y défendre *et surtout de les terminer !*

Nous nous efforcerons toujours dans nos entretiens familiers et intimes, de donner à nos lecteurs et de leur faire comprendre tous les renseignements utiles aux actes de la vie, à l'accomplissement de leurs devoirs, à la défense et à la revendication de leurs droits, à la prospérité de leurs affaires et à la conservation de leur fortune.

Nous ne négligerons jamais de leur enseigner les principes d'une sage administration, d'une bonne direction des affaires et d'une prudence éclairée, que l'étude, le travail, la pratique joints à l'expérience, nous ont permis d'acquérir.

Le principe qui présidera à nos causeries et qui sera toujours la base de nos entretiens, réside dans cette vérité : *qu'il n'y a et ne peut y avoir de société sans le respect le plus absolu des lois et de l'autorité de la chose jugée.* Aussi n'élèverons-nous jamais aucune critique contre une loi votée et rendue exécutoire, son exécution est un devoir pour tous et l'obligation de s'y soumettre une nécessité péremptoire pour chacun ! Personne ne peut s'y soustraire, ni la violer, sans de graves inconvénients pour la société, sans compromettre sa fortune, sa sécurité personnelle !

Une nation ne pourrait être mise au rang des pays civilisés, n'aurait aucune vitalité, et ne saurait imposer aucun respect aux puissances étrangères, sans la stricte exécution des lois qui la gouvernent et la passive soumission à la justice qui est chargée de veiller à leur application.

Quelle anarchie présenterait la France s'il était permis à chacun de discuter la loi à son point de vue, de l'exécuter suivant son caprice et à sa fantaisie, dans les parties qui flatteraient son intérêt ou ses passions, pour se soustraire aux obligations qu'il trouverait onéreuses ?

Tout en ne voulant pas, dans nos causeries, traiter des questions politiques, nous ferons tous nos efforts pour arriver à former des hommes, de bons citoyens, en leur recommandant toujours le respect des lois, en leur indiquant les moyens pratiques de les exécuter, en leur enseignant les droits qu'elles confèrent, les obligations qu'elles imposent, afin de leur permettre de revendiquer ceux-là à la condition d'accomplir celles-ci !

La religion des engagements pris, l'accomplissement des devoirs qui incombent à chacun et à tous, dans l'intérêt général, constituent des devoirs primordiaux auxquels on ne saurait se soustraire sans manquer à l'honneur et sans compromettre sa dignité !...

En France, l'ignorance des lois est pour ainsi dire générale, elles devraient, dans une certaine mesure, faire partie de l'éducation et de l'instruction de la jeunesse et être enseignées dans les lycées, les colléges et les écoles. Cette ignorance a été souvent et est tous les jours la cause de désastres! Grand est le nombre de ceux qui lui doivent la perte de leur réputation et de leur fortune! —Que de procès n'eussent pas pris naissance, combien se seraient réglés à l'amiable, que de dissensions dans les familles n'eussent par existé que de ruines et même de crimes, eussent été évités si l'on eût mieux eu connaissance de ses droits, de ses devoirs, de ses obligations?

Combien d'avantages à tirer, au contraire, de la connaissance des lois et de la pratique des affaires, qui permettraient à chacun de diriger, surveiller et défendre ses intérêts sans avoir recours à des tiers dont on ignore souvent la moralité ou le mérite!

Nos entretiens et nos causeries auront toujours pour but de mettre nos lecteurs à même d'éviter les procès, en mettant sous leurs yeux les difficultés qu'ils présentent et les conséquences désastreuses qu'ils entraînent, nous espérons, par ce moyen, les engager à les fuire et les amener à transiger sur les points qui les divisent! N'est-ce pas préférable et moins dispendieux que d'avoir recours à la justice pour les trancher? Le succès est acheté trop cher en cas de gain, et les pertes peuvent être considérables dans le cas contraire. Par une transaction, on peut se rendre compte du sacrifice qu'on fait, limiter sa perte, atténuer les conséquences d'un différent! Un procès! Qui peut prévoir quand et comment il finira, ce qu'il coûtera de temps, d'argent et d'ennuis, ce qu'il donnera de préoccupations nuisibles, aussi bien à la santé, qu'à la tranquillité qu'elle aliène et aux intérêts du malheureux plaideur qui a toujours à souffrir des lenteurs et des difficultés d'une action en justice? Pour que nos lecteurs aient toujours présentes à la mémoire, ces tristes vérités et ces malheureuses conséquences, nous avons placé en tête de notre 1re livraison la gravure représentant l'*Huître et les Plaideurs*.

Il est inutile de dire que cette allégorie n'a aucun rapport avec la magistrature française, dont on connaît l'intégrité et le désintéressement, et pour laquelle nous professons d'ailleurs le plus grand respect. Cette fable n'est satirique que pour les plaideurs auxquels elle démontre les résultats ruineux des procès. En effet, que de fois la valeur du litige n'a-t-elle pas été absorbée par les frais du procès auquel il a donné lieu? C'est cette conséquence qu'a entendu démontrer Lafontaine.

La justice en France est gratuite ; cela veut dire que les magistrats qui la rendent, ne reçoivent des plaideurs, aucun émolument, aucun honoraire ; ils ont droit au respect par l'honorabilité de leur caractère, le dévouement qu'ils apportent à la société, l'énergie qu'ils déploient pour résoudre les questions sur lesquelles ils sont appelés à statuer ! L'État en rémunération de leurs travaux, de leurs études qui ne cessent pour la plupart d'entre eux qu'à leur mort, leur alloue un traitement qui est loin d'être en rapport avec les peines, les soins, les insomnies, les responsabilités morales des magistrats, appelés à décider de la fortune et souvent de l'honneur des plaideurs ! Et encore y a-t-il des magistrats, tels que les juges consulaires et les membres des conseils des Prud'hommes pour lesquels les fonctions qu'ils exercent, sont honorifiques et complétement gratuites !...

Les procès, chers lecteurs, coûtent très-cher, aussi bien à ceux qui les gagnent qu'à ceux qui les perdent. Leur instruction est longue et coûteuse, nous vous démontrerons cette vérité, lorsque dans une de nos prochaines causeries nous vous entretiendrons des formalités à remplir pour les entamer et en obtenir la solution. Alors vous verrez jusqu'où peut mener l'esprit de chicane, la mauvaise foi dans les relations, et où peut entraîner la facilité avec laquelle on porte devant les tribunaux, des questions qu'on eût pu facilement vider amiablement avec plus d'esprit de justice, de désinterressement et surtout moins d'entêtement et d'amour-propre.

Nos entretiens traiteront outre la pratique et la triture des affaires, des lois promulguées depuis la constitution du 25 février 1875 et de celles qui se promulgueront à l'avenir ; ils expliqueront au point de vue pratique les principes des lois, indiqueront les moyens à employer pour leur exécution, pourfaciliter l'accomplissement des formalités qu'elles exigeront, les obligations, les devoirs qu'elles imposeront et les avantages qu'elles présenteront.

Les progrès réalisés depuis la promulgation de nos lois, le développement de l'industrie et du commerce, la facilité des échanges et des communications, la multiplicité et la diversité des transactions, la communion des peuples, exigent des réformes que nos législateurs ont le mandat d'apporter. Ils n'y manqueront pas, car ils savent trop bien, que de leur patriotisme et de leur sagesse dépendent la prospérité et la fortune de notre pays !

Nous analyserons les lois nouvelles, les décrets rendus, les circulaires ministérielles à l'appui, afin de faire connaître à chacun leur économie.

La *France* doit se relever!

Grande, noble, généreuse entre toutes, notre *Patrie* sortira de la léthargie où l'ont plongée son insouciance et sa confiance, car elle a toujours donné des preuves de son amour pour le progrès, pour la civilisation et pour l'émancipation des peuples!

Allons, chers lecteurs, aux armes intellectuelles, les seules qui dans l'avenir pèseront dans la balance des peuples, car seules elles peuvent les élever!

Ayons la valeur et les qualités morales des grandes nations, alors, mais alors seulement Dieu protégera la France!

Allons, législateurs, conduisez-nous fièrement, courageusement, sans faiblesse, aux conquêtes de la liberté! Montez sans crainte à l'assaut de l'indépendance par les voies les plus certaines et les plus courtes, celles de l'honneur de la discipline morale et vous serez suivis!...

Pardon, chers lecteurs, de nous être laissé entraîner loin de notre sujet, nous n'avons pu empêcher les fibres de notre cœur de vibrer, en pensant combien le respect des lois, peut améliorer le sort de notre France et grandir notre noble patrie!...

Revenons à notre sujet et rappellons-nous que nous voulons tracer ici le programme de nos publications, le but de nos entretiens. Continuons donc d'indiquer ce que doivent contenir nos brochures mensuelles.

A la suite de chacune d'elles, nous donnerons les formules des actes usuels, de façon que nos lecteurs puissent rédiger sans le concours d'intermédiaires, les conventions, les traités, marchés, baux, enfin tous les actes sous seings-privés pour lesquels l'authenticité n'est pas prescrite par la loi.

Ces formules seront toujours accompagnées de notes explicatives permettant d'apporter les changements que la diversité des conventions nécessiterait.

Nos conseils gratuits sont acquis à nos abonnés, et ils peuvent toujours nous consulter soit oralement soit par correspondance, sur les questions qui les intéressent.

Notre indépendance personnelle et un désintéressement absolu présideront aux conseils que nous serons appelés à donner, comme à la conduite des affaires dont nous aurons accepté la création, l'administration, la direction ou la défense.

Résumons nos engagements à cet égard, par la promesse formelle d'un *dévouement absolu* à nos lecteurs, à nos abonnés quels qu'ils soient, et surtout aux déshérités de la fortune, qui ne peuvent, faute de ressources, défendre leurs droits, et sont condamnés à laisser péricliter des intérêts qu'ils ne peuvent faire valoir ou revendiquer, faute de moyens pécuniaires ; à ceux-là nous offrons, non-seulement des conseils, des démarches gratuites, mais encore tout ce qui sera nécessaire à la revendication de leurs droits.

Nous laissons à notre cher Directeur la parole pour entretenir nos lecteurs de la prime qu'il leur offre, des bénéfices qu'elle présente, des conditions à remplir pour en profiter ; leur expliquer les avantages que présentent les assurances sur la vie, en raison de sa compétence en pareille matière dont il a fait une *étude spéciale*, tant en France qu'en Angleterre, où ce genre d'assurances est parfaitement compris et généralement appliqué.

Guillochin Delahaye.

AUX LECTEURS DES CAUSERIES POPULAIRES

L'Administration par une combinaison très-simple, fait bénéficier l'abonné de la première annuité à verser, en cas d'assurance sur la vie, contre l'incendie, ou tout autre accident, s'il traite par son intermédiaire, elle procure gratuitement et fait, sans bourse délier, pour l'abonné, toutes les démarches nécessaires pour la régularisation des contrats.

Il suffira d'indiquer le genre d'assurance que veut contracter l'abonné, et d'adresser à notre Administration les renseignements suivants :

Pour l'assurance sur la vie :

Les nom, prénoms, profession, domicile et résidence de l'assuré, son âge et l'état habituel de sa santé, constaté par un certificat de son médecin.

Toute réticence, toute fausse déclaration, soit du contractant, soit du tiers assuré, dont l'effet aurait été de surprendre l'engagement de la Compagnie ou d'atténuer la gravité du risque, annule l'assurance.

Pour les autres risques, la désignation détaillée des objets à assurer, leur valeur approximative, leur situation, etc...

Les primes que nous offrons à nos abonnés sont considérables, elles peuvent atteindre plusieurs milliers de francs.

Elles varient suivant l'importance de l'assurance, l'âge des assurés, la nature des objets assurés, etc... Mais comme il entre dans le cadre de nos publications de vulgariser tout ce qui peut être utile à nos lecteurs, nous devons les engager à ne pas négliger le contrat d'assurances, car c'est un de ceux que le père de famille ne saurait s'abstenir de faire sans manquer à un de ses devoirs les plus sacrés : celui d'assurer l'avenir et la tranquillité des siens par la prudence et la prévoyance qui sont les auxiliaires du travail, de l'ordre, de la conduite et de l'économie.

En Angleterre, nation essentiellement positive et matérialiste, l'assurance sur la vie est considérée avec raison par le père de famille comme un devoir absolu ; aussi a-t-elle pris un développement qu'en France elle est loin d'atteindre ; cela tient à ce qu'on en ignore les avantages que nous mettrons en relief dans une prochaine causerie, afin de secouer l'insouciance de ceux qui, par négligence ou peut-être faute de savoir ne daignent pas prendre toutes les mesures pour éviter de graves responsabilités.

Nous savons que chez beaucoup, l'égoïsme mal entendu, empêche de prélever sur les fonds destinés à des satisfactions personnelles, plus ou moins avouables, les petites sommes qu'ils dépensent si facilement et qui, réunies, assureraient l'avenir des leurs.

Malheur à ces insouciants, à ces égoïstes, car ils assument sur eux des responsabilités morales dont ils subiront les conséquences. Mais, il en est d'autres aussi qui, plus soucieux de leurs devoirs, sauront gré à notre Administration de leur avoir facilité, en les éclairant, en les aidant, en leur faisant réaliser une économie, l'accomplissement d'un devoir qui doit, dans l'avenir, mettre ceux qui leur sont chers à l'abri du besoin.

En attendant la publication de cette causerie spéciale, l'Administration croit devoir donner quelques explications sur les assurances sur la vie, les autres étant entrées dans nos mœurs.

Ces assurances sont de diverses espèces :

1° *L'assurance pour la vie entière ;*

2° *L'assurance temporaire ;*

3° *L'assurance de survie ;*

4° *L'assurance mixte*, c'est-à-dire celle qui peut indifféremment être classée parmi les assurances en cas de décès, ou parmi les assurances en cas de vie.

ASSURANCE POUR LA VIE ENTIÈRE.

L'assurance en cas de décès pour la vie entière est un contrat par lequel une Compagnie d'assurances s'engage, à payer lors du décès de l'assuré, à quelque époque qu'il ait lieu, un capital déterminé, à ses héritiers ou à toute autre personne, et cela moyennant une prime unique, ou moyennant des primes annuelles et viagères réglées en raison de l'âge de l'assuré et du capital garanti par l'assurance.

Cette assurance convient à toutes les positions : au père de famille, avocat, médecin, officier ministériel, artiste, homme de lettres, commerçant, négociant, à l'industriel, à l'ouvrier même, en prélevant une faible somme sur son labeur ; à toute personne, en un mot, dont la mort prématurée peut être pour les siens une cause de gêne, de ruine ou de misère.

Aux fonctionnaires publics, aux employés, aux magistrats, aux pensionnaires de l'État, dont le traitement ou la pension doit s'éteindre avec eux.

A L'ÉPOUX : soit qu'il veuille au moyen d'une assurance sur la vie, mettre la dot de sa femme à l'abri de toute éventualité, soit qu'au moyen d'une assurance sur la tête de sa femme, il veuille se prémunir contre les embarras ou la gêne auxquels pourrait l'exposer l'obligation de restituer la dot qu'il a reçue, soit qu'en homme prévoyant il veuille assurer à sa femme l'aisance en cas d'un décès prématuré, ou bien d'une position embarrassée à sa mort.

Au mari et à la femme mariée qui veulent sans préjudicier à leurs héritiers, s'avantager mutuellement ou avantager un ou plusieurs de leurs enfants, dans le cas, par exemple, où une infirmité ou toute autre cause rend à l'un d'eux les difficultés de la vie plus grandes qu'à ses frère et sœur.

Au fils soutien de parents âgés qui, par sa mort, se trouveraient privés de toutes ressources.

Au grand propriétaire qui, pour éviter le morcellement ou la vente de son héritage veut fonder, à côté de sa propriété foncière un capital en numéraire qui, augmentant sa succession permettra de la répartir entre ses héritiers sans dénaturer le domaine patrimonial.

Enfin, dans un autre ordre d'idées ; *à l'homme riche et bienfaisant,* car l'assurance en cas de décès accroîtra considérablement les ressources dont il pourra disposer, sans fruster ses héritiers, pour laisser après lui des témoignages de sa libéralité ou fonder des institutions utiles et charitables.

Il est donc facile de se convaincre que le contrat d'assurances en cas de décès est essentiellement un *acte de prudence et de prévoyance; c'est aussi un moyen de crédit,* car ce contrat peut être transmis par voie d'endossement, ainsi que nous l'expliquerons ultérieurement, par conséquent utilisé par l'assuré au point de vue du crédit dont il peut avoir besoin.

Lorsque le contrat a trois ans de date, il a acquis une valeur que presque toutes les Compagnies rachètent.

En outre, c'est un placement avantageux, car beaucoup de Compagnies admettent les assurés à la participation dans une partie des bénéfices.

Pour démontrer l'importance de la prime que nous donnons à nos abonnés, il suffit de citer un exemple :

Prenons à cet égard les tarifs de *la Nationale,* supposons :

Un abonné, âgé de 32 ans, voulant laisser à ses ayants-droit, au jour de son décès un capital de 50,000 fr. paiera une prime annuelle de 1,310 fr., soit 2 fr. 62 c. 0\|0 ou une prime semestrielle de 661 fr. 55 c. ou une prime trimestrielle de 332 fr. et encore aura-t-il droit au partage des bénéfices.

C'est cette somme de 1,310 fr, que nous lui ferons gagner en faisant l'assurance pour lui ; mais à la condition qu'il soit notre abonné.

La prime peut être plus considérable suivant l'âge de l'assuré et la somme pour laquelle il veut s'assurer, c'est-à-dire que dans le cas supposé, et en l'abonnant à nos causeries pour une année, car nous ne demandons pas un abonnement plus long, non-seulement pendant vingt ans notre abonnement ne coûtera rien, mais lui procurera encore un bénéfice d'environ 1,000 fr.

Il se fait également des assurances sur la vie sur deux têtes, le capital exigible au premier décès ; le capital garanti par cette assurance est payable à l'assuré survivant aussitôt le décès de l'un ou de l'autre des deux assurés.

Nous nous étendrons davantage sur les primes à payer, suivant les différentes sortes d'assurances, dans la causerie qui traitera complétement et dans tous ses détails des assurances sur la vie.

ASSURANCE TEMPORAIRE.

L'assurance temporaire est un contrat d'assurances limité à un an, cinq ans, plus ou moins. Dans ce cas, si l'assuré meurt pendant le temps indiqué, la Compagnie paie la somme assurée ; s'il meurt après, la Compagnie n'a plus rien à payer, et les primes versées lui demeurent acquises.

Un homme qui est à la tête d'un commerce ou d'une entreprise lucrative, se croit certain de pouvoir acquérir dans un temps donné, dans dix ans, par exemple, le capital nécessaire pour mettre sa famille à l'abri du besoin, mais il réfléchit que si la mort venait à le surprendre, il perdrait le fruit de ses travaux et qu'il laisserait peut-être sa veuve et ses enfants dans une position précaire ; pour prévenir ce malheur, il a recours à une *assurance temporaire ;* il fait assurer sa vie pour une période quelconque, dix ans supposons, une somme de quelque importance, 50,000 fr. par exemple, moyennant une prime annuelle réglée en raison de son âge et du capital garanti. Si l'assuré survit à cet espace de temps, il aura dépensé, sans profit apparent, il est vrai, une certaine somme, mais la tranquillité d'esprit que cette assurance lui aura donnée, l'aura certainement aidé à réaliser, au bout de ces dix années, les espérances qu'il aura conçues, car la tranquillité est indispensable à la réussite, et jointe au travail, à l'ordre, à l'économie, elle produit des merveilles. Lorsqu'elle manque, même à la plus grande intelligence, elle l'atrophie !

Si au contraire, l'assuré meurt avant l'expiration du terme fixé que nous avons supposé être de dix années, fût-ce même le lendemain du jour du paiement de la première prime, dont nous ferons bénéficier l'abonné, le bénéfice de son assurance est immédiatement acquis à ses héritiers ou aux personnes désignées par lui, auxquels les 50,000 fr. seront acquis sans qu'il y ait obligation de payer aucune prime postérieure au décès.

Les assurances limitées à *quelques années* servent surtout à garantir des créances, emprunts, placements.

Citons un exemple, pour rendre saisissable l'explication qui précède :

Un fabricant, pour donner plus d'essor à son industrie, un avoué, un notaire, un commerçant, un industriel, pour compléter le paiement du prix de leur charge, de leur fonds de commerce, de leur industrie, ont besoin de recourir au crédit, quoiqu'ils puissent compter sur des bénéfices qui, après cinq ans de travaux, suffiraient à leur libération. Cependant, ils peuvent mourir le lendemain du jour où ils ont emprunté, et alors où serait la garantie du créancier ?

L'assurance temporaire contractée pour cinq années, lèverait toutes difficultés. Supposant l'emprunteur âgé de 32 ans, il aurait à payer une prime annuelle de 668 fr. pendant cinq ans, en admettant que la somme empruntée soit de 40,000 fr., soit 1 fr. 67 0[0.

Dans les cas qui précèdent, on comprend que nous ne pouvons pas donner à notre abonné, à titre de prime, une année entière, soit 668 fr. si l'assurance n'est contractée que pour un an ; or, nous leur offrons pour une année la remise du 12ᵉ ; pour deux ans, la remise du 10ᵉ de l'année ; pour trois ans, la remise du 5ᵉ de la première année, et enfin, pour cinq ans et au-dessus, la remise de l'année entière.

ASSURANCE DE SURVIE.

L'assurance de survie est un contrat par lequel l'assureur s'engage à payer un capital ou à servir une rente à une personne désignée par l'assuré, mais dans le cas seulement où cette personne qui doit avoir le bénéfice de l'assurance survivrait à l'assuré.

Exemple : Un fils devenu le seul soutien de sa mère, craint naturellement de la laisser sans ressources, s'il meurt avant elle.

Il a 30 ans et la mère est âgée de 60 ans ; il contracte alors une assurance de survie au profit de sa mère, et, moyennant le paiement d'une prime annuelle de 166 fr., il lui laissera, s'il meurt avant elle, un capital de 10,000 fr. ou une rente viagère de 1,000 fr.

C'est dans ce cas la somme de 166 francs dont nous faisons bénéficier notre abonné en admettant que l'assurance soit faite par l'entremise de l'administration.

ASSURANCE MIXTE.

L'assurance mixte est à la fois une assurance en cas de décès et une assurance en cas de vie ; elle réunit les avantages de ces deux combinaisons.

Cette opération donne en effet au souscripteur le moyen de créer un capital déterminé, payable à lui-même après un certain nombre d'années, ou à ses héritiers aussitôt son décès, s'il vient à mourir avant l'époque stipulée dans le contrat.

Les Compagnies qui font ces sortes d'assurances, accordent aux assurés le droit de participer dans la moitié des bénéfices nets de la Compagnie.

L'assuré qui cesse de payer les primes convenues, n'est pas pour cela déchu de ses droits ; le capital garanti est facilement réduit dans la proportion des primes versées, pourvu que la police ait au moins trois ans de date, et que les primes aient été payées exactement.

Ainsi, une personne qui aurait souscrit une assurance mixte de vingt ans pour un capital de 50,000 fr. et qui discontinuerait ses paiements au bout de 10 ans, recevrait à l'échéance de son contrat, la moitié de la somme garantie, soit 25,000 fr.

Les polices d'assurances de certaines compagnies, celles de la *Nationale* par exemple, permettent aux assurés, s'ils le désirent, de toucher immédiatement cette valeur, sauf réduction d'un escompte de 4 p. 100 l'an sur les dix ans qui restent à courir, soit 40 p. 100 des 25,000 fr. ou 10,000 fr.

Cette assurance offre un moyen efficace de créer un capital au profit d'une personne, d'une fille pour la doter, d'un fils pour l'établir.

Indiquons un exemple pour rendre bien saisissables les avantages que nous offrons à nos abonnés par l'abandon de la prime de la première année, lorsque, profitant de notre intermédiaire gratuit, ils ont recours à notre administration pour leur assurance.

Un individu âgé de 30 ans, souscrit une assurance mixte de 100,000 francs qu'il devra toucher dans vingt ans, s'il est vivant, ou qui devront être payés à ses héritiers aussitôt son décès, s'il vient à mourir pendant cette période de vingt ans, la prime annuelle à payer sera de 5,000 fr., soit 5 p. 100.

C'est cette bonification de 5,010 fr. que nous donnons à notre abonné d'un an qui aura payé pour cela 18 fr.

Pour bénéficier des avantages qui précèdent, l'abonné qui désirera en profiter par une assurance, devra nous en donner un mandat spécial, nous indiquant ses nom, prénoms, demeure, son âge, sa profession et l'état habituel de sa santé.

L'assurance régularisée avec la Compagnie, il recevra, sans bourse délier, son contrat et la quittance de la première année de la prime.

Pour les assurances qui excéderont cinq ans, *la prime* sera celle de la première année; pour les assurances temporaires, elle sera proportionnelle à leur durée.

Après ces explications données, laissons l'auteur continuer sa deuxième causerie.

L'Administrateur-Directeur,

M. E. MICHEL.

FIN DE LA 1re CAUSERIE.

2me CAUSERIE

De l'éducation et de l'instruction d'un peuple dépendent le sort et le bonheur d'une nation. Quand la première éducation manque, elle ne peut être que l'œuvre du temps, c'est pour cela qu'il faut la commencer dès l'enfance. Elle doit être la première préoccupation du père de famille.

Du choix d'une profession, des débuts dans une carrière découle l'avenir d'un homme auquel est lié le bonheur de la famille; on ne saurait donc apporter à ce choix et à ces débuts trop de réflexion, trop de prudence, trop de discernement, s'entourer de trop de précautions ! Il faut avant tout tenir compte des aptitudes bien étudiées et bien comprises de celui dont on entreprend de diriger les premiers pas dans la vie de labeurs, d'épreuves, de déceptions, qu'il a à parcourir!... Il ne faut pas négliger, si on le croit nécessaire, d'avoir recours aux conseils d'un homme sérieux, sage, expérimenté, d'un ami clairvoyant, loyal, intelligent et désintéressé !

Des plumes plus autorisées que la nôtre, ont écrit sur l'éducation et l'instruction de la jeunesse ; les questions qu'elles soulèvent ont été traitées et sont traitées tous les jours par des hommes compétents, elles préoccupent ceux qui président à l'avenir des peuples ; aussi ne nous étendrons-nous pas sur ce grave sujet, nous bornant à faire part à nos lecteurs de quelques réflexions que l'expérience nous dicte.

L'éducation de la jeunesse doit être avant tout virile, de façon à former des hommes vigoureux et énergiques au physique comme au moral. Le père qui n'élève pas ses enfants dans la crainte de Dieu, qui ne leur inculque pas d'une façon ineffaçable l'amour de la patrie, le respect de sa dignité personnelle, est coupable, envers la société, à l'égard de laquelle il n'a pas rempli les obligations imposées par la nature, envers l'enfant, qu'il expose à une lutte à laquelle il n'est pas préparé, envers lui-même, car il commet le crime de lèse-paternité que la loi ne punit pas, mais que l'humanité condamne.

Il n'est pas indispensable d'avoir de la fortune pour former l'éducation de ses enfants, mais il faut de la patience, de la persévérance, de l'énergie souvent, de la faiblesse jamais ! Il faut étudier leur nature, leurs aspirations, leurs penchants, leurs aptitudes, réprimer leurs défauts, déployer leurs qualités, former leur cœur, leur inculquer dès l'enfance les sentiments d'équité, de bonté sans faiblesse, d'honneur et de probité ; leur enseigner les vertus évangéliques en les pratiquant soi-même, car la vertu s'enseigne par l'exemple comme le vice : l'exemple est considéré comme le meilleur et à la fois le plus pervers des éducateurs ! Il faut déployer leur bon sens avant d'orner leur esprit, leur imprimer les sentiments du devoir, de délicatesse et des convenances, fortifier le sens moral qui se perd si facilement au contact des passions, leur apprendre à être aussi indulgents envers les autres que sévères envers eux-mêmes. Il faut surtout combattre la faiblesse morale, si grande de nos jours et dont les conséquences sont si désastreuses, *car l'honneur et la faiblesse ne vivent pas longtemps ensemble !*

Le père doit toujours travailler à détruire chez l'enfant, les penchants à l'orgueil et à la vanité, lui enseigner la modestie, en un mot former son cœur et son caractère. Il doit l'habituer à la plus stricte exactitude en toutes choses, dans les moindre détails, et pour ne pas lui donner le vice du mensonge, il ne doit jamais en commettre lui-même, afin de pouvoir réprimer avec énergie ceux que pourrait commettre l'enfant.

Habituer l'enfant au travail, est aussi indispensable que le nourrir et le vêtir ; pour lui en donner l'amour il ne faut ni le fatiguer, ni le rebuter et ne rien exiger au-delà de ses forces morales et physiques. Les occupations et les distractions qu'on lui donne, doivent être choisies avec discernement, suivant l'âge ; il faut l'instruire en l'amusant. L'habitude de la tempérance et de la sobriété doivent également faire partie de l'éducation.

Par tous les exemples possibles, il faut enseigner à l'enfance à pratiquer ce qui est noble et généreux : *Les belles actions, les bonnes œuvres élèvent l'âme et ennoblissent le cœur,* les mauvaises au contraire abaissent l'une et flétrissent l'autre. — Si vous préférez, chers lecteurs, pour vos enfants, la noblesse des sentiments à l'avilissement de l'âme, prêchez par l'exemple, car si vous ne voyez dans les devoirs de la paternité que celui d'élever matériellement vos enfants, vous manquez des principes les plus vulgaires.

Aimez-vous les uns les autres ! a dit le Christ ! C'est un beau principe de fraternité qu'il faut mettre en pratique; c'est surtout dès l'enfance qu'il faut le faire entrer dans l'âme de la jeunesse ! Pères de famille, que ce soit votre principe d'éducation !

Dans les temps de démoralisation comme ceux que nous traversons, à cette époque où la principale ambition est de devenir riche vite, de jouir de même; où le désarroi est dans les consciences, où les principes les plus nobles sont tournés en ridicule, où les peuples semblent prendre à plaisir de se haïr et de se détruire, qu'il faut relever le moral des générations à venir par une solide éducation qui leur inculque l'amour de la liberté, de la fraternité et la conscïence de l'égalité. N'enseignez pas à vos enfants, chers lecteurs, ce principe barbare, ramassé dans les immondices de la politique par les ennemis de l'humanité : LA FORCE PRIME LE DROIT ! Enseignez-leur que la force est éphémère et que le droit, au contraire, est comme la vérité éternelle et immuable !... Apprenez-leur, qu'une nation qui veut dominer par la force brutale, avoue sa faiblesse morale ; c'est une nation en décadence.

La pratique de pareilles utopies démoralise les peuples ; gravez donc bien, chers lecteurs, dans le cœur de vos enfants, dans leurs jeunes âmes : QUE LA FORCE DU DROIT PRIME LE DROIT DE LA FORCE !... Qu'ils sachent bien pour s'en souvenir toujours ; QUE LA JUSTICE HUMAINE, AUSSI BIEN QUE CELLE DIVINE NE PERDENT JAMAIS LEURS DROITS !... Elles les revendiquent toutes deux, avec plus de force et d'énergie, qu'elles auront apporté de patience et de tolérance dans la répression des mauvaises actions.

En écrivant ce qui précède, nous n'avons nullement voulu entrer dans le domaine de la politique; mais nous avons si souvent entendu répéter par des gens timorés, que les hommes en France, ne sont pas assez sages pour faire des républicains, que nous croyons devoir recommander à nos lecteurs d'enseigner la sagesse à leurs enfants, afin d'en faire des républicains, par la pratique des principes enseignés par le Christ qui, le premier, a jeté les fondations de la démocratie et d'une république universelle.

Ces principes, il les a enseignés comme étant des vérités éternelles, immuables ; leur réalisation peut être tardive, entravée, mais leur avénement n'en est pas moins certain. Souvent nous nous sommes demandé comment il se faisait, que ces principes qui constituent le fond de la doctrine du christianisme trouvent dans leur application, une résistance énergique de la part du clergé qui paraît prendre à tâche DE SE DIRE anti-républicain ?

Résolve qui pourra ce problème qui ne peut s'expliquer, que par un intérêt personnel et un principe de domination occulte, qu'il faut combattre et détruire.

Il ne faut jamais oublier que lorsqu'on est bien pénétré de son devoir, il n'y a d'incapables que ceux qui veulent l'être : il y a dans la vie plus de passions étroites que de sentiments généreux. Il n'y a de volonté possible sans but arrêté ; l'homme s'arrange pour être lui-même son obstacle et son fléau sur terre, car la vie n'est insupportable que parce que nous la faisons ainsi. Tout homme sage et intelligent peut conduire la sienne.

A l'œuvre donc ! Efforçons-nous, au nom de l'humanité, dans l'intérêt de la postérité, pour l'acquit de nos consciences d'inculquer ces principes à la jeunesse, c'est un devoir aussi impérieux, une tâche aussi noble et délicate que difficile, à la hauteur de laquelle nous devons nous trouver ; les efforts pour atteindre ce but, commandent le respect, et la reconnaissance des enfants, la considération de nos concitoyens et procurent la satisfaction que donne le devoir accompli.

Terminons ces réflexions en constatant, ce que l'expérience démontre ; que l'éducation de famille est préférable à celle des colléges, lycées et écoles ; que l'instruction, au contraire, est meilleures dans les institutions, à la condition de faire un bon choix de celles auxquelles on confie le soin d'instruire ses enfants.

Les cours gratuits, les écoles du soir, les bibliothèques publiques permettent à chacun d'apprendre ce qui est indispensable à la vie. La future législation sur l'instruction publique fera le reste, car le progrès la veut à la portée de tous.

Le choix d'une profession à donner à ses enfants, est pour un père chose grave, délicate et difficile, nous répèterons, à cet égard, ce que nous avons dit en commençant : *du choix de la profession dépend souvent l'avenir d'un homme !...* .

La vanité du père est quelquefois nuisible à l'établissement du fils, au bonheur de la fille. En France, contrairement à ce qui se passe en Angleterre et dans d'autres pays, rarement le fils succède au père dans la profession qu'il exerçait ; celui-ci a rêvé pour *celui-là*, un état autre que le sien. L'amour-propre mal placé, l'orgueil surtout, aveugle quelquefois les parents sur la valeur intellectuelle des enfants dont ils ignorent souvent les aptitudes. Ils s'exagèrent leurs qualités et ne donnent pas toujours à leur intelligence une direction appropriée à ses aspirations!... Ils rêvent pour eux les honneurs de la magistrature, ils veulent en faire des hommes de lettres, des avocats, des notaires, des avoués, des médecins, ils n'en font souvent que des ignards, des paresseux, des présomptueux, des débauchés, etc. Et lorsqu'ils n'en font que des inutiles, il faut encore s'en féliciter!...

Chose singulière et qui ne s'explique que par la vanité, c'est principalement chez l'agriculteur qu'existe la monomanie de donner aux enfants une profession différente de celle qu'il exerce, laquelle est pourtant bien belle, bien noble, la plus LIBÉRALE, la plus indépendante ! On dirait que le père veut apprendre à ses enfants à rougir de la profession qu'il a souvent illustrée!... N'est-il pas préférable de faire un bon cultivateur qu'un mauvais ou un médiocre avocat, un bon mécanicien qu'un médecin ignorant, un bon épicier qu'un avoué sans clients, un bon commerçant qu'un notaire pédant n'ayant d'autre valeur que celle qu'il se donne ?

Le commerce, l'industrie, l'agriculture, la manufacture, ne sont-ce pas des professions aussi nobles, aussi lucratives, aussi indépendantes que celles qu'on décore du nom pompeux et trompeur de « Professions libérales ? »

Le libéralisme ne consiste pas dans la profession qu'on exerce, mais bien dans la façon de l'exercer!... Où trouve-t-on plus de libéralisme dans la profession d'avocat, telle qu'elle s'exerce aujourd'hui, que dans les autres ? Est-ce parce qu'ils se font payer très-cher et d'avance, est-ce parce qu'ils sont obligés de prêter leur ministère à un criminel ? Est-ce parce qu'ils ont une responsabilité morale très-grande, très-lourde, très-pesante, car ils sont chargés de défendre l'honneur et la fortune de ceux dont ils ont accepté la cauce ! où est donc le libéralisme de ce mandat qui agite et préoccupe la conscience ? Que d'insomnies cause, dans l'exercice de cette profession, l'accomplissement du devoir professionnel ! Que d'émotions anxieuses pour l'avocat, lorsque la cour ou le tribunal prononce sa sentence, avec quelle impatience fébrile, avec quelle fièvre on attend le jugement ou l'arrêt à intervenir, et souvent quel frisson, quelle sueur froide parcourt le corps, lorsque le premier magistrat prononce ces mots : « Le tribunal après en avoir délibéré ; attendu, etc... » Sait-on ce qui va suivre, le client va-t-il être ruiné, va-t-il être sauvé? Et si la décision n'est pas favorable aux intérets qu'on a défendus, ne faut-il pas le consoler, car après avoir épousé sa cause, on épouse sa défaite, ses peines! Si, au contraire, la décision donne gain de cause, il ne faut pas s'exagérer le succès, car la cour peut, en cas d'appel réformer le jugement et changer le succès en déception d'autant plus grande qu'elle était inattendue et parraissait improbable? Aussi, ceux qui exercent cette profession, cherchent-ils souvent dans la philosophie, la littérature, la politique, voire même dans l'industrie à fuir une responsabilité incompatible avec leur nature.

La responsabilité et les préoccupations des médecins sont-elles moins grandes pour êtres différentes? Ne peuvent-ils pas se tromper sur la maladie du patient, sur les médicaments à prescrire, dont l'effet peut être contraire à celui attendu? La mort ne peut-elle par être la conséquence de cette erreur?

Oh! alors qu'elle responsabilité morale et terrible pour le médecin!

Le magistrat est-il exempt de cette responsabilité morale? Sujet à l'erreur comme tous les hommes, ne peut-il pas se tromper et cependant de sa décision, de son jugement, dépendent souvent la fortune et l'honneur du justiciable!

Toutes ces professions sont nobles et sont encore ennoblies par ceux qui les exercent avec un dévouement désintéressé; mais que de préoccupations elles donnent, que d'énergie de conscience elles réclament! Que d'abnégation il faut mettre à la disposition de tous pour l'accomplissement des devoirs professionnels!...

Et ce sont là des professions libérales et indépendantes?

Une réaction salutaire s'opère contre ces idées arriérées, on comprend qu'on peut toujours ennoblir la profession qu'on exerce et la rendre indépendante, par la probité et la loyauté qu'on apporte dans son exercice, par le travail et l'exactitude à remplir ses engagements, par l'ordre et l'économie qui amènent l'aisance et donnent l'indépendance, car on se met ainsi à l'abri des reproches de sa conscience et de ses concitoyens!

L'ouvrier qui acccomplit sa tâche, le commerçant qui remplit sa journée, l'industriel qui conduit son industrie avec intelligence; tous remplissant strictement leurs devoirs, sont débarrassés des préoccupations et des responsabilités professionnelles; elles ne troublent ni leur conscience, ni leur tranquillité, ni leur repos, ils peuvent sacrifier leurs intérêts, compromettre leur fortune, mais ils ne compromettront pas ceux des autres et c'est là une consolation qui aide à supporter les revers, les déceptions de la vie! Un chef d'usine, qui procure le travail à un grand nombre d'ouvriers, n'est-il pas plus heureux, lorsqu'il parcourt ses ateliers, ses hauts fourneaux, ses usines, de voir tous ses braves gens, indépendants par caractère, travailler avec ardeur, produire, transformer les matières premières, créer toute ces choses qui améliorent et déploient l'egriculture, l'industrie, le commerce, et qui font la fortune d'un pays, que l'avocat qui veille et pâlit sur un dossier, qui s'agite dans un prétoire, qui perd ses procès, qui au lieu de la production qui enrichit, s'occupe de la chicane qui ruine? L'un produit, l'autre discute. Lequel des deux, chers lecteurs, préférez-vous? Quelle est la profession la plus libérale?

Quittons, mais sans renoncer à y revenir, ces pensées philosophiques pour nous entretenir d'intérêts matériels. Revenons à la pratique des affaires!...

Lorsque l'homme choisit la carrière qu'il veut parcourir, la profession qu'il veut embrasser, son but est de réussir, son mobile de faire honneur à ses affaires, son ambition d'élever honorablement sa famille; le moins sage veut faire fortune. Il espère qu'après ses labeurs, il jouira du repos qu'il a mérité par le travail, la conduite, l'ordre et l'économie, de la considération qu'il a su s'attirer par le rigoureux accomplissement de ses devoirs; et, s'il a atteint ce noble but, si ses efforts sont couronnés de succés, alors il ne craindra pas de se trouver seul avec lui-même, certain de ne pas avoir à rougir de ses actions.

Les difficultés ne peuvent se vaincre, les obstacles se franchir par la faiblesse qui les crée et les augmente en en ajournant la solution.

L'insouciance est un vice en affaires, comme la faiblesse une lâcheté.

La faiblesse est l'ennemi le plus redoutable de l'homme; par elle on est vaincu, par elle on est ruiné, par elle on est déshonoré!

Le courage, la persévérance, sans parler de la probité qui est une vertu négative, doivent être les principales qualités de celui qui veut parvenir, il faut dire : *Je veux savoir et vouloir*.

Si l'on pouvait, et cela ne nous semble pas absolument impossible, faire la statistique des misères engendrées par la faiblesse, des maux qu'elle a causés, des malheurs qui en ont été la conséquence, on reculerait d'épouvante devant le résultat obtenu.

La force morale de la femme est plus grande que cette de l'homme; sa faiblesse physique lui sert d'agent pour en tirer avantage!

Elle est maîtresse de nos passions, qu'elle dirige en dominant les siennes, qu'elle maîtrise ou qu'elle déploie suivant son caprice!

Quand sa nature est bonne, noble, généreuse, elle produit des merveilles ; quand elle est mauvaise, astucieuse, elle enfante des crimes !

Autant l'homme est vantard, autant la femme est réservée ; l'un se glose de ses bonnes fortunes, l'autre garde le secret de ses abandons, car la réserve, la résistance font partie de son éducation.

Encore une digression qu'il faut nous pardonner !

Que voulez-vous, nous causons en famille et mettrons quelquefois les coudes sur la table !

Dans la carrière que vous embrasserez, chers lecteurs, soyez donc énergiques, l'énergie n'exclut pas la bonté, la patience, la bienveillance, la tolérance !

L'énergie à laquelle la probité sert de guide, la dignité de phare, la conscience de refuge, conduit au port !

L'établissement d'un homme est chose sérieuse ; à cet égard, nous allons nous permettre quelques conseils.

En faisant choix d'un établissement, il est indispensable de connaître dans ses moindres détails, la profession qu'on veut exercer, le commerce qu'on entreprend, l'industrie qu'on exploite.

Le manque d'aptitudes et de connaissances professionnelles mettrait bientôt le patron à la discrétion de ses ouvriers, de ses employés.

Il est nécessaire d'avoir étudié par la pratique, la qualité, la valeur des matières premières à employer. Faute de pouvoir les apprécier, on est exposé à des tâtonnements onéreux, dispendieux et souvent ruineux. Il en est de même des produits manufacturés, denrées, etc., etc.

En matière commerciale, il faut savoir acheter pour savoir vendre ; en matière industrielle, il faut savoir apprécier les facilités et les difficultés que présentent l'industrie, la main d'œuvre du produit, sous peine de se voir engager dans des spéculations ruineuses, si nombreuses aujourd'hui.

Dans le commerce comme dans l'industrie, le crédit est nécessaire, mais il ne faut y avoir recours que lorsqu'il peut être une source de revenus ; il ne donne de résultats que lorsqu'il s'appuie sur un mouvement réel.

Lorsqu'on fonde un établissement, il faut payer comptant les frais d'aménagement et d'installation, le mobilier industriel, l'outillage, les marchandises, en un mot tout ce qui est nécessaire à sa marche naissante.

Pour les dépenses d'aménagement, d'installation, il convient de s'adresser à un homme compétent, architecte ou entrepreneur qui trace le plan et dresse le devis. Nous donnons à la fin de cette deuxième causerie une formule de marché à passer, avec les notes nécessaires aux modifications qu'exigeront les circonstances (Voir la formule N° 2).

Lors de la formation d'un établissement, il faut se préoccuper de la grave question du bail, de sa durée et du prix de la location.

La durée doit être l'expression des espérances fondées sur l'exploitation ; le prix, calculé d'après les affaires qu'on doit faire et les bénéfices qu'on a la presque certitude de réaliser. D'autres considérations découlant de la nature même de la marchandise exploitée, de la concurrence qui peut se présenter, de la clientèle choisie, de l'état intérieur ou extérieur de la politique, de toutes choses enfin que font craindre l'avenir, doivent être aussi sérieusement envisagées, car un bail passé dans de mauvaises conditions peut causer la ruine d'un industriel.

Il faut donc qu'il apporte dans cette convention, la plus grande prudence, qu'il ne se contente pas des promesses du propriétaire, mais qu'il s'appuie sur un engagement positif dont les clauses soient indiscutables.

Le propriétaire auquel le commerçant a à faire peut être de bonne foi, mais il peut arriver un accident. Il peut être exproprié, vendre son immeuble, mourir, et dans tous ces cas, le commerçant pourrait avoir à lutter contre des exigences nouvelles.

On peut alors perdre en peu de temps le fruit de ses travaux, rendre infructueux les efforts qu'on a faits et inutiles les luttes qu'on aura soutenues ; on peut être obligé de quitter les lieux, forcé de les remettre dans dans l'état primitif, ou d'abondonner les améliorations et les installations faites pour une durée que la promesse du propriétaire avait fait espérer plus longue.

Nous conseillerons de renoncer à former un établissement, si le propriétaire ne consentait pas à faire un bail qui ne contiendrait pas l'engagement de le continuer pour une période, la plus longuo posible, selon le désir du locataire. Le propriétaire qui court aussi lui-même l'éventualité d'une réussite à laquelle il apporte son concours, doit bénéficier de sa complaisance. Nous lui conseillerons comme au locataire, *car nos causeries ont pour but l'intérêt général,* de ne pas stipuler pour la première période des charges trop lourdes, sauf à imposer une augmentation de loyer pour les périodes qui suivraient la première, suivant les progrès de l'exploitation.

Il existe souvent des empêchements à des baux d'une longue durée, dans le cas, par exemple, où le propriétaire n'est qu'usufruitier. Alors il ne peut consentir qu'un bail de neuf ans, durée souvent trop courte pour récolter des bénéfices en rapport avec les dépenses de premier établissement. Dans ce cas, il faut obtenir le consentement du nu-propriétaire, et lorsque la nue-propriété réside sur la tête de mineurs, ce qui est le cas le plus fréquent, celui du conseil de famille sans lequel le tuteur ne peut consentir un bail plus long. Lorsque nous traiterons des incapacités des mineurs, des conseils de famille, nous indiquerons les formalités à remplir pour obtenir cette autorisation, et nous donnerons les renseignements nécessaires à la formation du conseil de famille et à la validité des délibérations.

Cette incapacité de faire un bail de plus de neuf ans, frappe, non-seulement l'usufruitier et le tuteur, mais encore le mari qui ne pourrait le faire sans le consentement de sa femme, si l'immeuble appartenait à cette dernière. Nous aurons du reste à nous étendre plus longuement sur ce sujet, quand nous traiterons de la question des baux.

La forme sous laquelle le bail doit être fait, a une importance qui nous oblige à indiquer celle préférable pour le propriétaire et celle qui convient le mieux aux intérêts du locataire.

La forme authentique, c'est-à-dire celle qui consiste à passer le bail par devant notaire est préférable pour le propriétaire et peut-être désavantageuse pour le locataire.

En vertu d'un bail authentique, le propriétaire peut, faute de paiement des loyers aux époques déterminées par l'acte, faire saisir, exécuter, comme s'il agissait en vertu d'un jugement passé en force de chose jugée, sans autres formalités qu'un commandement fait en vertu de la grosse du bail et qui doit en tenir copie, si elle n'a déjà été signifiée.

Cette saisie peut être faite vingt-quatre heures après le commandement, la vente ordonnée dans les dix jours qui suivent si, par une ordonnance de référé on n'a pu obtenir un délai.

Faute de s'exécuter, le locataire verra ses meubles vendus, sans préjudice de l'expulsion des lieux loués et d'une action en dommages-intérêts qui pourraient être la conséquence de l'inexécution du bail et provoquer sa résiliation. Ces dommages-intérêts sont arbitrés par le tribunal civil qui a prononcé la résiliation. Nous indiquerons, lorsque nous traiterons des référés, les formalités à suivre pour obtenir cette ordonnance qui accorde un sursis pour la vente.

Le bail sous seings-privés, c'est-à-dire fait entre les parties, sans le concours d'un notaire ne permet pas une exécution aussi prompte. Le propriétaire ne peut, faute de paiement des loyers aux termes fixés, que saisir, gager les objets mobiliers garnissant les lieux (mettre sous main de justice son gage, en vertu de l'article 819 du Code de procédure civile, toujours vingt-quatre heures après un commandement fait en vertu de cet article); puis il est contraint avant de procéder à la réalisation du gage, de faire convertir par un jugement cette saiserie-gagerie en saisie-exécution, lequel jugement décide si la saisie a été régulièrement et valablement faite et ordonne la vente des objets saisis.

Ce jugement demande des délais, son obtention exige des lenteurs; comme tous les jugements il peut être frappé d'opposition s'il est rendu par défaut; il peut être frappé d'appel s'il est rendu en premier ressort.

Il est vrai que son exécution provisoire peut être prononcée par le tribunal; il faut dans ce cas qu'il en contienne la disposition. Les délais qu'entraîne cette procédure, occasionnent des frais assez considérables que paie le locataire et qui peuvent tomber à la charge du propriétaire si le locataire est insolvable et surtout si les objets mobiliers garnissant les lieux ne sont pas d'une valeur suffisante pour répondre des loyers et des frais. Et pour que le propriétaire puisse reprendre les lieux, il faudra encore qu'il fasse prononcer en justice la résiliation du bail et ordonner l'expulsion du locataire, ce qui ordinairement a lieu par le jugement qui valide la saisie-gagerie si la demande en a été faite par l'assignation ou par des conclusions prises en cours d'instance.

Nous entrerons, lorsque nous causerons des procès, des jugements en général, dans des explications plus grandes qui s'appliquent aux engagements pris à l'occasion des baux, comme aux autres conventions qui font la loi des parties, lorsque régulièrement faites, elles reposent sur le respect de l'ordre public, la morale et la bonne foi.

La forme authentique du bail, assure le privilége du propriétaire sur tous les objets garnissant les lieux, pour tout ce qui serait dû sur les loyers. Il en est de même pour le bail sous seings privés, pourvu qu'il ait acquis la date certaine, par son enregistrement ou par d'autres circonstances dont nous entretiendrons nos lecteurs. quand notre causerie traitera des actes sous seings privés, des dates certaines, etc.

Ainsi le propriétaire a avantage à faire faire un bail authentique; le locataire, au contraire, ne doit pas le désirer. Il fait l'économie des honoraires à donner au notaire, et, en outre, il peut avoir besoin d'un délai qui, s'il lui coûte cher, peut lui être utile. Le propriétaire a, en tous cas, intérêt à ce que son bail soit enregistré, car cette formalité, dont les frais sont à la charge du locataire, lui assure un privilége qui n'aurait d'autre étendue, si le bail n'avait pas acquis de date certaine, qu'une année à partir de l'expiration de l'année courante.

Nous donnons à la fin de cette publication la formule d'un bail sous seings privés, renfermant les conventions qui, dans la pratique, ont lieu entre le propriétaire et le locataire (Formule n° 1).

Aujourd'hui, par une loi fiscale, que l'obligation de payer la rançon prussienne a rendue indispensable, toutes les conventions doivent être soumises à l'enregistrement, dans le délai de trois mois, sous peine du double droit qui existait déjà auparavant, lorsque cette formalité était rendue nécessaire; et d'une amende de 60 fr. à la charge du propriétaire et du locataire.

Une précaution que nous recommandons à nos lecteurs, c'est, de ne pas laisser insérer dans le bail, une clause qui les empêcherait de céder leur droit au bail ou de sous-louer les lieux sans le consentement du propriétaire. Il pourrait arriver, en effet, que le propriétaire ou ses ayants-droit ne donnassent pas ce consentement ou y missent une condition onéreuse; ce qui pourrait rendre plus difficile la cession du fonds de commerce quoique cependant il ait été jugé, que malgré l'interdiction de sous-louer imposée par le propriétaire, le locataire pouvait céder son droit au bail à son successeur comme faisant partie du fonds de commerce qu'il vend, mais cette jurisprudence peut changer et il est toujours nécessaire d'exiger cette faculté, de céder son droit au bail par le bail même.

Si aucune restriction n'est apportée à la cession et à la sous-location, dont nous parlons, elles sont permises, dans ce cas, le locataire cédant reste responsable envers le propriétaire des loyers et de l'exécution du bail.

Ordinairement pour éviter toutes difficultés, il convient d'insérer la clause qui permet cette sous-location à toute personne exerçant la même profession que le preneur, en stipulant que le locataire sortant et celui entrant, sont solidairement tenus envers le bailleur, des obligations imposées par le bail.

Nous le répétons; ou il ne faut pas insérer de clause, ou il faut qu'elle permette sous les conditions que nous venons d'expliquer, la sous-location et la cession du bail, sous peine, en cas de vente du fonds de commerce, d'être à la discrétion du propriétaire si la jurisprudence venait à changer.

Nous expliquerons plus tard l'intérêt qu'il y a, surtout pour le locataire qui doit rendre les lieux en parfait état, fin de jouissance, à faire un état des lieux au moment de cette entrée en jouissance, car sans cette précaution prise contradictoirement avec le propriétaire, il est censé les avoir pris en parfait état, et par conséquent, forcé de les rendre de même.

Les renseignements qui précèdent s'appliquent principalement à la création d'un fonds de commerce, ou d'une industrie.

Nous ferons quelques réflexions sur l'acquisition d'un établissement en exploitation et dont on désire continuer l'entreprise.

La première des précautions à prendre dans ce cas est de s'enquérir des causes qui ont déterminé le vendeur à se défaire de son établissement.

Elles peuvent être naturelles, par exemple : le besoin de repos après une fortune faite laborieusement, ou après une aisance suffisante ; la mort du propriétaire, etc. Elles peuvent être plus exceptionnelles ; par exemple : une mauvaise gestion, une catastrophe, de mauvaises affaires, etc.

Le défaut de réussite peut tenir à des causes personnelles ou fortuites. Celui qui dirigeait l'exploitation a pu manquer d'aptitudes, de connaissances spéciales. Il a pu se laisser aller à la débauche ou à la paresse, a peut-être manqué à la probité professionnelle indispensable.

Après avoir bien étudié toutes ces causes déterminantes, l'acheteur doit être bien fixé sur la valeur du fonds, de l'établissement ou de la maison de commerce. Le chiffre d'affaires qui s'est fait, le bénéfice réalisé, la durée du bail, doivent servir de base et d'éléments à la fixation du prix d'acquisition.

Il doit faire entrer dans ses calculs l'intérêt de ce prix, celui de l'argent à dépenser, et aussi l'amortissement du capital engagé qui se calcule sur la durée du bail. Plus le bail approche de son expiration, plus le fonds de commerce perd de sa valeur, laquelle s'évanouit complétement lorsque le bail a pris fin si on n'a pu obtenir un renouvellement ou une prorogation.

Quand on est propriétaire de l'immeuble où s'exerce la profession, le calcul de l'amortissement du capital dépensé est moins indispensable.

Le vendeur ne doit pas, dans l'évaluation de la valeur de son fonds, tenir compte des éventualités d'augmentation d'affaires et de bénéfices que pourraient amener les aptitudes de l'acquéreur. Il n'est pas juste d'escompter au profit du vendeur des résultats basés sur des qualités personnelles à l'acquéreur et indépendantes de toute valeur vénale. L'acquéreur fera bien d'avoir recours à un conseil prudent et désintéressé, qui l'aide dans les examens nécessaires.

La comptabilité doit être l'objet d'un soin tout spécial ; il doit la suivre dans tous ses détails, non-seulement sur les écritures passées au journal ou au grand livre, mais encore sur les pièces qui en affirment la sincérité. Il doit se rendre compte de la marche progressive des affaires par l'état annuel des inventaires et bien comparer le chiffre des bénéfices à celui du capital engagé.

Lorsque l'acquisition a lieu par l'intermédiaire de marchands de fonds de commerce, ou ne saurait apporter trop de prudence, et même de méfiance pour accepter les avantages toujours exagérés que présente l'affaire qu'on est désireux de conclure.

Nous n'attaquons en rien la probité de ces intermédiaires, mais l'intérêt leur fait voir avec des yeux trop complaisants les avantages qu'énumère le client et ce dernier les renseigne souvent mal en leur cachant des inconvénients que lui seul peut connaître. Nous avons eu à constater souvent, la ruine de bien des gens trompés d'une manière aussi habile que coupable. Il faut bien considérer que celui qui a recours à un mandataire pour chercher à se défaire de son fonds ne le fait qu'après avoir épuisé les moyens qu'il pouvait avoir autour de lui, que la clientèle peut lui être personnelle, due à son influence dans son voisinage, à ses relations et peut disparaître avec lui. Il est nécessaire, d'interdire au vendeur, dans l'acte de vente, de s'établir et d'exercer directement ou indirectement d'une façon générale le même commerce, la même industrie ou des industries similaires dans un rayon déterminé et cela d'une façon assez claire pour éviter toute interprétation.

Le prix d'acquisition étant en rapport avec le revenu bien établi, et l'acquisition faite, il faut porter toute sa prudence sur la partie économique de l'exploitation, c'est-à-dire sur toutes dépenses résumées sous la dénomination : frais généraux, journaliers et mensuels, etc. Les dépenses mensuelles portent sur les appointements du personnel. Elles doivent être réglées de façon que le service rendu soit en rapport avec le salaire, mais de manière à ne pas dépasser son budget.

L'acquéreur, ne paie pas toujours comptant son fonds de commerce ; il verse une partie de la somme immédiatement et prend des échéances graduées et à peu près uniformes ; ces échéances ne doivent pas être trop rapprochées du moment de la prise de possession ; il faut bien apprécier, outre, les risques inhérents au commerce, les époques certaines de la rentrée de l'argent, et compter surtout sur ses propres forces ; compter sur les promesses de parents ou d'amis qui ne se réalisent pas toujours serait une grande imprudence et spéculer sur les chances qu'offre un mariage projeté est encore plus dangereux.

Une question grave qui accompagne toujours, l'acquisition d'un établissement, c'est l'obligation de prendre les marchandises qui s'y trouvent. Elles peuvent n'avoir pas été payées, ou l'avoir été en partie, mais cela n'a qu'une importance relative. Ce qui est important, c'est de donner à leur valeur une évaluation juste et équitable, Le vendeur a intérêt à les vendre cher et quelquefois essaie de faire entrer en ligne de compte des marchandises démodées, sans écoulement possible. C'est à l'acquéreur à bien examiner ce qui lui est présenté et à écarter avec soin tout ce qui ne pourrait servir qu'à encombrer ses magasins.

Dans la pratique, plusieurs modes sont employés pour la fixation du prix des marchandises et pour leur paiement. Quelquefois on convient que leur valeur sera estimée par des experts, dont l'un sera désigné par l'acquéreur et l'autre par le vendeur,

Dans d'autres circonstances, on stipule que l'acquéreur devra prendre les marchandises au prix de facture, en leur faisant subir une diminution de tant p. 100. Il peut arriver aussi que l'évaluation soit faite d'un commun accord.

On peut aussi convenir que l'estimation aura lieu par un ou plusieurs experts nommés à cet effet par le président du tribunal civil du lieu où s'exploitait le fonds.

Lorsque la vente a été ordonnée judiciairement, le tribunal a droit de désigner un ou plusieurs experts qui déterminent la valeur de la marchandise, et cela avec l'obligation pour l'acquéreur d'accepter comme loi cette estimation. Ce fait arrive lorsqu'il s'agit d'une vente par suite de contestations dont on soumet la décision à un tribunal, ou en cas de décès, lorsqu'une veuve ou des mineurs sont intéressés à la vente, ou bien encore lorsqu'un sequestre a été nommé pour la conservation des droits de tous.

Alors la vente ordonnée judiciairement a lieu dans les formes que prescrit le jugement, et aux conditions déterminées, par le cahier des charges qui les règle.

En matière de faillite, le cahier des charges dressé à la requête du syndic par le notaire qui doit procéder à la vente, stipule souvent, que les marchandises seront prises par l'acquéreur, suivant l'estimation donnée par le syndic, dans l'inventaire que la loi oblige le syndic à faire en entrant en fonctions,

Il peut vendre à l'amiable en vertu d'une ordonnance du juge commissaire de la faillite, qui en fixe le *prix*, les conditions et indique le mode à suivre pour l'estimation des marchandises, du matériel, etc.

Dans le cas où l'estimation précéderait la vente, ce qui arrive aussi, l'acquéreur peut se rendre compte des avantages qu'elle peut comporter, comme des exagérations données à la valeur des marchandises, du matériel, de l'outillage, etc. Il n'a donc qu'à les contrôler, et se renseigner, par lui-même ou ses conseils, sur la sincérité et l'exactitude de l'évaluation faite.

- Ces différents modes de prise de possession, d'évaluation et de paiement, présentent des inconvénients et des avantages, suivant le genre de commerce exploité, selon la nature des marchandises, les dépréciations que la mode peut quelquefois leur faire subir, etc. Nos conseils ne pourraient donc être subordonnés qu'aux circonstances; nous laisserons donc à la sagesse de l'acheteur et du vendeur le choix du mode d'estimation.

Nous insistons sur le moment à choisir pour l'estimation des marchandises; c'est avant de conclure la vente d'une façon définitive qu'il faut être d'accord sur le chiffre des accessoires, qui peut dépasser la valeur donnée au principal. Il convient donc de fixer d'une façon exacte, et comme ne faisant qu'une seule et même chose avec l'acquisition du droit au bail et du fonds de commerce, la valeur des marchandises, du matériel, de l'outillage, en un mot, de tout ce qui n'est pas compris dans le prix de la vente. L'accord fait sur le tout, l'acquéreur connaît l'importance de ce qu'il achète et peut se rendre compte des engagements qu'il va prendre, et, les combinant avec les ressources dont il dispose, il ne marchera pas en aveugle.

Le vendeur de son côté connaîtra en traitant, le chiffre que réprésentent les choses qu'il aliène, les sommes qu'il doit demander comptant et les garanties qu'il doit exiger pour le paiement de ce qui reste dû. On évite ainsi les difficultés ou les chances de procès que pourrait faire craindre l'avenir.

Lorsque l'employé succède à son patron, ce dernier a apprécié les aptitudes de celui dont il fait son successeur. L'employé a pu se rendre un compte exact de la valeur de la maison dont il va devenir le chef, des chances de réussite, du mode de l'administration et de la faire valoir. L'acquisition devient donc pour lui plus facile; mais cela ne doit pas le dispenser de toutes les précautions que nous avons indiquées dans cette causerie.

Le vendeur, nous ne saurions trop le répéter, ne doit pas imposer à son acquéreur, des obligations que celui-ci ne saurait remplir, ni lui faire prendre d'engagements, dont l'exécution gênerait ses affaires ; car si, pour ce dernier, la réussite est impossible, le vendeur serait exposé à perdre ce qui lui resterait dû. Il ne doit pas oublier, qu'en cas de faillite de son successeur, il n'a aucun privilége sur le prix du fonds de commerce, pour ce qui lui resterait dû sur le montant de la vente qu'il a faite. Il est traité, en cette circonstance, de la même façon que les autres créanciers, sans pouvoir faire prononcer, lorsque la faillite est déclarée, la résolution de la vente pour l'inexécution des obligations prises par l'acquéreur. Le fonds de commerce, tout l'actif, appartiennent à la masse des créanciers, sans préférence entre eux, si ce n'est pour les priviléges consacrés par la loi, au nombre desquels ne figure pas celui du vendeur, et que nous indiquerons lorsque nous traiterons de la faillite.

Il doit donc se rendre compte des ressources dont dispose l'acheteur, des garanties d'exécution qu'il présente, de ses aptitudes, de ses connaissances, de son intelligence, de son honorabilité, de sa moralité, de sa conduite ; toutes choses qui lui assurent l'exécution complète des engagements pris.

Nous donnons à la suite de cette causerie, les formules d'actes de vente, de cession de bail, de compromis pour la nomination d'experts dans l'estimation des marchandises, etc. (Voir les Formules, n°ˢ 3 et suivantes).

Il est indispensable, chers lecteurs, de s'arrêter un instant sur les torts qu'ont souvent les acquéreurs et les vendeurs, de déguiser le prix de la vente du fonds, des marchandises. L'acquéreur et le vendeur s'entendent pour dissimuler le prix de vente, dans le but d'éviter un droit d'enregistrement qne les lois fiscales, nécessitées par les malheurs de notre chère patrie ont rendu obligatoire. La complaisance de l'acquéreur lui fait quelquefois commettre une action déloyale, un délit, un crime, dont les conséquences peuvent être funestes à l'un et à l'autre ; il devient complice d'un détournement fait par le vendeur, de l'actif qui appartient à ses créanciers ; par conséquent, le vendeur est banqueroutier frauduleux et l'acquéreur participe à sa fraude. Tous deux sont exposés à passer en cour d'assises et à être frappés d'une condamnation infâmante ! Nous adjurons les acquéreurs et les vendeurs à bien réfléchir à des chances dont les conséquences entraînent aux *travaux forcés* ! ! !...

Ne vous y trompez pas, chers lecteurs, il n'y a rien d'exagéré dans ceci, et pour vous en convaincre, je vous renvoie aux articles 591 et suivants du Code de commerce qui disposent ce qui suit :

Art. 591. « Sera déclaré banqueroutier frauduleux et puni des peines portées au Code pénal (que nous indiquerons plus bas) tout commerçant failli qui aura soustrait ses livres, détourné ou dissimulé une partie de son actif, ou qui, soit dans ses écritures, soit par des actes publics ou des engagements sous signature privée, soit par son bilan, se sera frauduleusement, reconnu débiteur de sommes qu'il ne devait pas. »

L'acquéreur complaisant qui se prête à cette dissimulation a aussi sa juste punition d'une fraude, il doit en subir les conséquences.

L'article 593 du même code dispose entre autres choses ce qui suit : Seront condamnés aux peines de la banqueroute frauduleuse : 1° Les individus convaincus d'avoir, *dans l'intérêt du failli*, soustrait, ou *dissimulé*, tout ou *partie* de ses bien *meubles* ou immeubles ; le tout, sans préjudice des autres cas prévus par l'article 60 du Code pénal ; 2° etc.... Ce qui suit des dispositions de cet article, ne rentre pas dans le sujet que nous traitons, et trouvera sa place dans nos entretiens sur la faillite.

Nous venons d'indiquer les principes qui, à l'égard de la dissimulation du prix de vente d'une partie de l'actif d'un commerçant, constituent la banqueroute frauduleuse, et ceux qui déterminent la complicité de l'acquéreur dans ce crime. Les conséqnences de pareils actes entraînent des peines qu'a déterminées ainsi le Code pénal !

Art° 402. Les banqueroutiers frauduleux seront punis de la peine des travaux forcés à temps. Celui qui se rend complice de la banqueroute, est puni par l'article 403, de la même peine que l'auteur principal.

En dehors des pénalités que le législateur a attachées à ces actes, il y a des conséquenses pécunières qui entraînent la ruine.

L'acquéreur, en acceptant de dissimuler le prix que lui coûte le fonds de commerce qu'il achète, ne peut avoir d'autre but que de se soustraire au paiement du droit d'enregistrement qui se calcule proportionnellement au prix stipulé, il fruste ainsi l'État. C'est le fait d'un mauvais patriote, surtout en ce moment, où le devoir oblige chacun à contribuer dans la force de ses moyens, aux charges que nos revers nous ont imposées. Il ne doit pas oublier que tous, nous devons participer au relèvement moral et matériel de notre pays !

Aux égoïstes, il faut parler le langage de l'intérêt, et leur indiquer les conséquences pécuniaires que peut entraîner une dissimulation du prix réel.

Le vendeur, en sollicitant de l'acquéreur, la complaisance de déguiser le prix de la vente, ne peut avoir qu'un but : celui de tromper ses créanciers, puisqu'il ne supporte ordinairement aucune part des frais occasionnés par la vente, c'est donc un acte frauduleux, auquel se prête l'acquéreur qui en devient le complice. Or, aux termes de l'article 1107 du Code civil, les créanciers peuvent attaquer, par conséquent faire annuler tous les actes faits en fraude de leurs droits; et, à cet égard les tribunaux sont sans pitié, lorsque la fraude leur est démontrée, ce qui n'est pas difficile, malgré les précautions dont pourraient s'entourer les parties.

La conséquence de cette nullité, est que l'acquéreur verra annuler l'acquisition qu'il a faite; les sommes qu'il aura versées seront compromises, il pourra être condamné à des dommages-intérêts. Quant au vendeur, il sera poursuivi par ses créanciers avec d'autant plus de vigueur qu'il les aura plus trompés!...

Il pourra aussi, suivant les circonstances, être condamné envers l'acquéreur à la restitution des sommes qu'il a reçues, dans le cas où la vente serait annulée. L'acquéreur ne pourrait que s'attirer des ennuis, dont le moindre serait de se faire passer pour un malhonnête homme. Complice d'une mauvaise action, ses intérêts se trouveront compromis!

Supposons une expropriation pour cause d'utilité publique, il ne pourra obtenir du jury l'indemnité à laquelle il a droit, en justifiant du prix exact de son acquisition; cet élément d'appréciation dont il s'est privé, tourne à son détriment.

N'en est-il pas de même dans le cas de la vente d'un fonds de commerce qu'il aurait acheté? L'acquéreur nouveau ne s'en rapportera qu'aux stipulations contenues dans l'acte, pour se fixer sur le prix que ce fonds a coûté à son vendeur.

Ainsi donc, chers lecteurs, si l'idée du devoir ne peut chez l'homme dominer ses mauvais penchants, son intérêt doit lui servir de guide!

Lors de l'acquisition d'un établissement, il faut être bien certain qu'aucune saisie n'est pratiquée sur les marchandises; que rien ne s'oppose à la vente et que le vendeur a la libre et entière disposition de la chose vendue. Sans cela, la vente serait frappée de nullité, même lorsqu'après cette vente et sur les publications qui en sont faites, il ne survient pas d'opposition au paiement du prix; et, si la mauvaise foi se joint à l'acquisition, et que l'acquéreur ne représente pas les objets vendus dans l'état où ils étaient lors de leur mise sous la main de la justice, c'est-à-dire, lors de la saisie, il peut, aussi bien que l'acquéreur, être accusé de détournement d'objets saisis et répondre de ce délit devant les tribunaux correctionnels. Il peut y être condamné à deux mois au moins et deux ans au plus (art. 400 et 406 du Code pénal), et, cette peine peut être portée de un an au moins à cinq ans au plus, si les objets saisis avaient été confiés à la garde d'un tiers, ce qui arrive souvent dans la pratique.

L'acquéreur ne doit payer son prix entre les mains du vendeur, que dix jours après la publication qu'il aura faite de son acquisition, dans un des journaux autorisés par le préfet du département pour les publications légales. A Paris, ces journaux sont : *le Droit, la Gazette des Tribunaux, les Petites Affiches, les Affiches Parisiennes.* Cette formalité n'est prescrite par aucune loi, l'acquéreur doit la remplir, s'il ne veut s'exposer à payer deux fois son prix d'acquisition. S'il survient des oppositions, il ne peut verser aucune somme, sans en avoir obtenu une main-levée régulière.

A cet égard, dans notre prochaine causerie, nous indiquerons ce qu'il convient de faire, tant pour l'acquéreur que pour le vendeur, pour que l'un se libère valablement, et que l'autre liquide sa position, tant à l'aide de son prix de vente que des autres ressources dont il dispose. C'est le moyen d'éviter la mise en faillite, qui pourrait être provoquée par un ou plusieurs de ses créanciers ; cela nous amènera forcément à parler de l'atermoiement, quoique nous eussions préféré le faire en traitant de la faillite.

Nous donnerons également la formule des actes qu'il convient de faire en cette circonstance.

Nous ne saurions trop insister sur la prudence à apporter, sur l'étude à faire de l'exploitation d'une industrie ; les connaissances des matières que l'on emploie, l'appréciation de l'outillage, le choix des ouvriers aptes aux travaux de la fabrication, la situation, les moyens de transport, sont autant de choses à étudier.

On évite ainsi toutes les chances mauvaises que présentent toujours des exigences nouvelles qui déjouent souvent les meilleures combinaisons.

La partie financière, qui est en somme le résultat du travail, ou plutôt sa partie matérielle, doit donner lieu nécessairement aux soins les plus délicats, les plus assidus.

Des paiements trop rapprochés, des crédits trop longs peuvent empêcher la réalisation des espérances conçues et jeter la perturbation dans les affaires, surtout lorsque le capital n'est pas assez fort pour supporter une crise qui, quoique passagère et de courte durée, peut avoir des conséquences graves pour l'industriel.

L'honneur peut être compromis, car manquer à la foi jurée, à la parole donnée, à l'engagement pris; laisser protester sa signature sont pour le négociant, le commerçant, l'industriel, pour tout homme enfin, à quelle classe de la société qu'il appartienne, un déshonneur auquel il ne doit pas s'exposer! Le respect des autres ne se commande qu'à la condition de se respecter soi-même.

L'intelligence commerciale, industrielle, celle qui crée, qui ·produit ne consiste pas à tout faire par soi-même, mais bien : A SAVOIR FAIRE FAIRE !

Savoir se compléter est la preuve d'une puissance intellectuelle qui produit des merveilles! Le contraire, la trop grande confiance en soi, vouloir tout connnaître lorsqu'on ne sait rien, est la plus grande preuve d'incapacité qu'on puisse donner; l'ignorance, la suffisance, la vanité amènent le malheur qu'elles ont semé !

L'orgueil, l'amour-propre mal placé, inhérents à la nature humaine sont autant d'obstacles à la réussite, qu'il faut combattre, vaincre! Savoir se juger est une preuve de bon sens, bien rare hélas! Souvent nous devrions nous demander : D'où viens-je? qui suis-je? où vais-je?.... Alors nous sentirions mieux combien nous sommes infiniment petits dans la création dont la nature révèle à chaque pas les mystères, la grandeur et la beauté! et nous arriverions à ce que l'homme ne veut jamais faire : reconnaître ses torts! Le faire serait commencer à les réparer!

Toujours disposés à rejeter sur les événements, sur les autres, les conséquences de nos fautes, nous reculons devant la responsabilité morale qu'elles entraînent!

Pour se corriger il faut savoir se juger : Connais-toi toi-même ! L'indulgence que nous avons pour nous, nous porte à accuser le prochain, le blâmer d'actions que nous consommons chaque jour !

A bientôt, chers lecteurs, la continuation de notre tâche qui sera aussi notre joie, si nous parvenons à vous instruire et à vous rendre service.

GUILLOCHIN-DELAHAYE.

Le Directeur-Administrateur,
M. E. MICHEL.

Le Gérant,
SIEFFERT.

FORMULES

DES ACTES SOUS SEINGS-PRIVÉS

VISÉS DANS LA PREMIÈRE PUBLICATION

FORMULE N° 1

Bail sous seing-privé.

Entre les Soussignés :

M. (*Nom, prénoms et domicile du bailleur*), propriétaire d'une maison, sise à , (*ou principal locataire, si celui qui consent le bail n'est que locataire, mais ayant le droit de sous-louer*),

d'une part,

Et M. (*Noms, prénoms, profession et domicile du preneur*),

d'autre part,

A été convenu et arrêté ce qui suit :

ARTICLE I er

M. X..., fait par ces présentes bail, et donne à loyer à M. Y..., qui l'accepte, une maison (*désigner la rue, le numéro et sommairement la composition de l'immeuble loué,*

si c'est une boutique avec dépendances,

si c'est un appartement, en indiquer l'étage et la distribution. Dans ces deux derniers cas on aura soin d'ajouter : dépendant d'une maison sise à , rue n° ; *pour Paris on indiquera l'arrondissement. Enfin on ajoute sans qu'il soit besoin d'une plus ample désignation*) : le preneur déclarant bien connaître les lieux pour les avoir vus et visités.

ARTICLE II

Le présent bail est fait pour une durée de (*pour la fixation de la durée voir les observations aux pages 26 et 40, qui ont but de donner le texte à suivre dans les différents cas*), qui commencera à courir le prochain.

Si le bail est divisé en périodes, il est inutile de mentionner que la continuation ou la cessation du bail à l'arrivée de chaque période, et pour la période suivante, dépendra de la volonté réciproque des parties. Nul engagement ne saurait résulter d'une telle clause, puisqu'il suffit de la volonté d'un seul pour en annuler l'effet. Néanmoins, nous ferons observer que si la continuation du bail pour une nouvelle période semblable ou non à la précédente est laissé au choix du preneur, la rédaction de l'acte subira une modification très-importante.

On dira dans ce dernier cas : à la fin de chaque période, ce bail sera prorogé pour la période suivante si telle est la volonté du preneur, à la charge par lui de prévenir le bailleur (*un certain temps, qui devra être déterminé par la clause*), avant l'expiration de la période courante, de son option pour la continuation du bail pendant une période nouvelle. (*Quant à la question de savoir à quel moment le preneur doit signifier ou faire connaître son option au bailleur, nous dirons qu'elle dépend des usages des lieux ou de la volonté des parties. Ordinairement c'est six mois avant l'expiration de la période courante*). A défaut de cette déclaration en temps utile, le bail prendra fin à l'expiration de la période courante.

(*Quelquefois le bail est consenti pour un an, à titre d'essai, et le preneur se réserve le droit de le continuer s'il le juge convenable. On insère alors dans l'acte la clause suivante*):

« Le présent bail est fait pour une année qui commencera à courir le   , à l'expiration de cette année le bail continuera, si bon semble au preneur, et à la charge, (*encore ici*), de prévenir le bailleur trois mois à l'avance, pour une durée de   qui commencera à courir à l'expiration de la première année, aux mêmes prix, charges et conditions que celles du présent bail. »

<h3 style="text-align:center">Article III</h3>

Le preneur prendra les lieux loués dans l'état où ils se trouvent, à la charge de les rendre à l'expiration du bail en parfait état de réparations locatives, les ayant reçus de même.

(*Souvent on stipule qu'il sera fait un état des lieux; cette clause est toute en faveur du locataire. Il est en effet censé avoir reçu les lieux en parfait état et quoique cela ne soit pas, il est obligé de les rendre ainsi. Aussi ajoute-t-on dans ce cas*).

« Il sera dressé à frais communs (*ou aux frais du preneur suivant la convention*) un état des lieux en double, et le preneur devra les rendre à la fin du bail conformément à cet état.

Quelquefois le preneur est autorisé à faire des agencements, des distributions, des améliorations. Ordinairement ces travaux sont à la charge du preneur. Ils peuvent être à la charge du bailleur ou bien même à frais communs. Cela dépendra des conventions faites entre les parties. En effet, on peut stipuler qu'ils seront faits par le preneur et à condition qu'ils resteront à la fin du bail la propriété du bailleur, ou bien encore qu'à la fin de la jouissance le preneur pourra démolir les constructions qu'il aura faites et demeurer propriétaire des matériaux, mais en ayant soin de remettre les lieux en leur état primitif. Dans d'autres cas enfin on stipule que le propriétaire les prendra en payant la plus-value. Dans le cas où l'autorisation est pur et simple, c'est-à-dire que le locataire rendra les lieux en leur état primitif, on rédige la clause ainsi :

« Le preneur est autorisé à faire dans les lieux loués tous les changements, améliorations, travaux, distributions, qu'il jugera convenables, à ses risques et périls, et pourvu qu'ils ne gênent en aucune façon la jouissance des autres locataires et ne nuisent en rien à la solidité de l'immeuble, à charge par lui de remettre les lieux dans leur état primitif et exempts de réparations locatives conformément à l'état des lieux qui en sera dressé entre les parties. *Dans le cas où le propriétaire s'oblige à faire à ses frais les changements, les distributions, etc., la clause doit être ainsi rédigée :*

« Le bailleur s'oblige à faire à ses frais, sans aucune répétition vis-à-vis du preneur : *on désigne alors les travaux à faire, et pour éviter toute discussion, il est sage d'annexer un plan et un état descriptif au bail, et on ajoute ensuite après l'énumération des travaux à faire la formule suivante :* tels qu'il sont détaillés et indiqués au plan et à l'état descriptif arrêté entre les parties et annexé au présent acte de bail.

Ces travaux, changements et améliorations devront être terminés le   , époque fixée pour l'entrée en jouissance, à peine par le bailleur de payer au preneur pour chaque jour de retard, la somme de   à titre de dommages-intérêts, pour réparation du préjudice à lui causé par le retard apporté à sa jouissance. (*Nous ferons remarquer en passant, que ce n'est que quand ces travaux auront été exécutés, qu'il conviendra de faire dresser l'état des lieux*).

(*Il arrive aussi que l'intérêt de la somme par lui dépensée pour les additions et les changements soit payée par le preneur. Alors on ajoute la clause suivante :* « Le preneur payera annuellement au bailleur l'intérêt de la somme dépensée pour les travaux qu'il s'est obligé à faire à raison de 5 p. 0/0 par an. » *On convient aussi que l'amortissement de cette somme aura lieu annuellement. Alors on ajoute :* « Le preneur payera en outre une somme annuelle de   (*calculée sur la durée du bail*) pour l'amortissement de la somme dépensée. (*Dans ce cas. il est de toute évidence que les améliorations profitent au locataire. Le bailleur n'ayant joué ici que le simple rôle de bailleur de fonds ou prêteur. Aussi stipule-t-on à cette occasion :* « A la fin de la jouissance le preneur devra enlever, ou pourra enlever, les constructions et améliorations faites et les matériaux qui en dépendent comme étant sa propriété, à la charge par lui de rétablir les lieux dans leur état primitif, et en parfait état de réparations locatives. »

Il est inutile de faire observer que dans le cas précédent les intérêts annuels dus par le preneur au bailleur diminueront, au fur et à mesure que la dette s'amortira. Dans le cas où les aménagements devront être supportés par le bailleur et le preneur, on rédige la clause ainsi : « Le bailleur s'oblige à faire dans les lieux loués ; *ou bien* le preneur est autorisé à faire dans les lieux loués (*On désigne dans l'un comme dans l'autre cas, les travaux à exécuter* dont le montant sera supportés par le bailleur et le preneur, chacun pour moitié et qui demeureront à la fin de la jouissance la propriété du bailleur. *On peut encore stipuler que le preneur sera tenu de remettre les lieux en leur état primitif, alors on ajoute :* « Cette obligation réciproque ne dispensera pas le preneur de rétablir les lieux tels qu'ils seront désignés dans l'état qui en sera dressé contradictoirement.

Puis enfin, dans le cas où les travaux, améliorations demeureront la propriété du bailleur, à la charge par lui d'en rembourser la valeur à la fin du bail, on rédige ainsi la convention : Les impenses, les constructions, les améliorations faites par le preneur seront à la fin du bail la propriété du bailleur qui devra rembourser au preneur la valeur qu'elles auront à cette époque, laquelle sera fixée d'un commun accord entre les parties, faute par elles de s'entendre à cet égard, par un expert choisi par elles, ou nommé en justice par ordonnance de référé rendue par le président du tribunal de *(celui de la situation de l'immeuble)*, à la requête de la partie la plus diligente, dans le cas où les parties ne pourraient s'entendre sur le choix de l'expert à nommer.

Article IV

Le preneur ne pourra exercer dans les lieux loués d'autre profession que   ; ou d'autre commerce que celui de   .

Cette clause n'est pas toujours nécessaire ; mais elle peut être commandée par les circonstances ou les cas particuliers, celui par exemple où d'autres locataires exerçeraient le même commerce ou auraient la même profession que celui ou celle que se propose d'exercer le preneur. Le propriétaire, en effet, ne saurait louer à un concurrent, ni s'exposer à ce que le locataire entrant, fasse concurrence à des locataires qui sont dans les lieux. De son côté, le bailleur s'interdit le droit de louer ou de sous-louer, tout ou partie de la maison dont dépendent les lieux présentement donnés en location, à toute personne exerçant la même industrie, la même profession ou le même commerce que celui exercé par le preneur et indiqué par le présent bail ou à une personne pouvant faire une concurrence quelconque au preneur par un commerce ou une industrie similaires, peine de résiliation du présent bail s'il plaît au preneur de l'exiger, et en tous cas sous réserve du droit, de faire cesser cette concurrence et de dommages-intérêts pour réparation du préjudice que pourrait en éprouver le preneur.

« Il peut arriver que le bailleur soit ou devienne propriétaire d'immeubles contigus ou dans un rayon rapproché de celui où le preneur veut s'établir, et alors, il pourrait se faire qu'il louât à un concurrent. Pour prévoir ce cas, il convient de lui en interdire la faculté en ajoutant que « cette prohibition, et la péna-
« lité qui y est attachée s'appliquent au cas où le bailleur deviendrait proprié-
« taire ou principale locataire d'immeubles situés dans un rayon de.......... des
« lieux présentement loués. »

Article V.

Le preneur sera tenu de garnir les lieux loués de meubles et d'objets en quantité et valeur suffisantes pour répondre des loyers et de l'exécution du bail et ce, à peine de résiliation et de dommages-intérêts.

Le bailleur sera tenu de tenir les lieux loués, clos et couverts; de son côté, le preneur devra supporter sans indemnité les grosses réparations quelle qu'en soit la durée, excédât-elle plus de quarante jours.

Article VI.

Le preneur sera tenu d'exécuter les règlements de voirie et de police dont sont tenus les locataires, de façon que le bailleur ne puisse être recherché à cet égard.

Il supportera les impôts des portes et fenêtres des lieux loués.

(Quelquefois la totalité des impôts est, suivant les conventions, mise à la charge du preneur ; alors on rédige la clause ainsi :)

Il supportera personnellement les impôts de toute nature, foncier et autres dont est grevé l'immeuble sans pouvoir les répéter contre le propriétaire et en sus du prix du loyer ci-après stipulé.

ARTICLE VII.

L'interdiction de sous-louer ne doit pas être acceptée par le preneur qui veut fonder un établissement, car il ne pourrait le vendre ; il doit donc exiger du bailleur la permission de le faire, à une personne exerçant la même profession que celle qu'il veut exercer dans les lieux loués. On rédige donc la clause ainsi : « Le preneur ne pourra céder ses droits au présent bail, ni sous-louer tout ou partie des lieux qui en font l'objet, qu'à une personne exerçant la même profession que lui. Dans le cas contraire, il ne pourra le faire qu'avec l'autorisation écrite du bailleur, à peine de nullité des cessions et sous-locations qui auraient lieu malgré cette prohibition, et de résiliation du présent bail sans préjudice de tous dommages-intérêts s'il y a lieu.

Dans l'un comme dans l'autre cas, soit que la sous-location ait lieu par suite de l'autorisation ci-dessus spécifiée, soit qu'elle soit faite du consentement du bailleur, le preneur sera tenu solidairement avec son cessionnaire ou sous-locataire de l'exécution du présent bail et du payement des loyers.

« **Si l'interdiction de sous-louer n'est pas insérée dans l'acte de bail, le preneur a le droit de sous-louer ; mais il demeure solidairement obligé à l'exécution du bail avec son sous-locataire et au payement des loyers. Donc si le propriétaire ne tient pas à cette interdiction, il est inutile de stipuler aucune clause à cet égard.** »

« **Dans le cas où le bail est consenti par un principal locataire, il convient d'obliger le preneur à l'exécution du bail primitif au lieu et place du bailleur. Dans ce cas on insère cette clause** » : Le preneur sera tenu d'exécuter dans toutes ses conditions, avec les charges qu'il contient le bail consenti au bailleur par le propriétaire, et jouira des avantages qu'il comporte.

(Enoncer la date du bail, son enregistrement s'il est sous seing-privé), et dont le double lui a été remis ainsi qu'il le reconnaît.

« **Dans le cas de sous-location, le sous-locataire peut exiger de son bailleur la justification du paiement des loyers fait entre les mains du bailleur primitif, sinon pour ne pas payer deux fois, il devra payer entre les mains de ce dernier ou sur sa quittance.** »

ARTICLE VIII.

Outre les charges, clauses et conditions qui précèdent, ce présent bail est fait, moyennant un loyer annuel de,   payable par quarts de trois en trois mois, aux termes ordinaires de l'année ; faute de paiement de deux termes consécutifs, il demeurera résilié de plein droit, si bon semble au bailleur, quinze jours après un commandement resté infructueux et le preneur sera responsable de toutes les conséquences de cette résiliation et de celles de l'exécution de ses engagements.

Lorsque le bailleur exige les 6 mois de loyer d'avance, on ajoute : le preneur a payé au bailleur, qui le reconnaît, la somme de   pour six mois de loyer d'avance imputables sur les six derniers mois de jouissance.

Si le loyer augmente par période, on dit : moyennant un loyer annuel pour la 1re période de   , pour la 2e période de   **(les 6 mois de loyer d'avance représentant le montant des deux derniers termes, alors à la fin de chaque période on ajoute la somme nécessaire à celle déjà versée pour compléter celle qui doit représenter les six derniers mois de jouissance, et on stipule de cette façon :** En cas d'option de la part du preneur pour la continuation du bail pour la période suivante, il devra compléter au commencement de cette période, la somme suffisante pour représenter les six derniers mois de jouissance. Il en sera de même pour les autres périodes.

ARTICLE IX

Le preneur sera tenu de faire enregistrer à ses frais, dans les trois mois de ce jour le présent bail, et de justifier au bailleur de l'accomplissement de cette foimalité, quinze jours avant l'expiration de ce délai, faute de quoi, le bailleur est autorisé à le faire enregistrer aux frais du preneur qui devra lui rembourser, comme accessoire du bail, le montant du coût de cet enregistrement.

Malgré ce droit réservé au propriétaire d'accomplir cette formalité, le preneur sera seul responsable de l'amende et du droit que ce défaut de son accomplissement dans les délais prescrits par la loi occasionnerait, et dans le cas où le bailleur serait tenu de les payer, il pourra les répéter contre le preneur à la charge duquel ils doivent demeurer.

Fait et signé double à

« Il arrive dans la pratique que le propriétaire exige une caution pour l'exécution du bail ; cela a lieu surtout lorsque le bailleur s'engage à faire des dépenses importantes. Alors voici le mode le plus simple à employer. On fait intervenir la caution dans le bail, et on rédige cette obligation de la manière suivante » : A ces présentes est intervenu M. X, lequel après avoir pris connaissance du bail dont il a arrêté les clauses et conditions concradictoirement avec le bailleur et le preneur, a déclaré se porter caution, comme de fait par ces présentes, il autorise M.   preneur, pour l'exécution des clauses et conditions du bail, et pour le paiement des loyers aux époques déterminées ; en conséquence il s'oblige envers le bailleur, à payer en l'acquit du preneur faute par lui de l'avoir fait, les loyers à leur échéance, sur la simple justification d'un commandement resté sans effet et sans qu'il soit besoin de discuter le débiteur principal, et sauf son recours contre ce dernier.

« Cette clause s'insère avant la mention de : fait et signé   à   et alors on met : fait et signé en autant d'originaux qu'il y a de parties intéressées Quelquefois aussi, mais ce cas est rare, le preneur où sa caution donne à titre de garantie pour l'exécution du bail une affectation hypothécaire sur des immeubles, dans ce cas, cette affectation ne peut avoir lieu, pour être valable, que

par devant notaire; il est donc inutile d'en donner la formule. L'officier ministériel chargé de la rédaction de cet acte la connaît parfaitement. »

« Dans d'autres circonstances le preneur donne à titre de garantie pour l'exécution de ses engagements un nantissement de valeurs mobilières. Alors on insère dans le bail la clause suivante » :

M. X., preneur pour l'exécution du présent bail et pour la garantie du paiement des loyers, a remis à M.   , bailleur, à titre de nantissement, les valeurs suivantes. (Désigner les valeurs.)

Faute par le preneur de payer à leur échéance un ou plusieurs termes de loyer quinze jours après un commandement resté infructueux, le bailleur est autorisé sans l'accomplissement d'aucune formalité, à faire procéder à la vente des valeurs données en nantissement; (*Si ce sont des valeurs cotées à la Bourse, on met*), par le ministère d'un agent de change de son choix, **si ce sont des meubles ou marchandises, on met** : par un commissaire priseur de son choix, pour s'en attribuer le prix jusqu'à due concurrence ou en déduction des loyers échus et même des loyers à échoirs, sauf à faire l'imputation nécessaire au fur et à mesure de leur échéance.

« **Si à titre de garantie, le preneur transporte une créance ou des droits successifs, il faut dans ce dernier cas, que la succession soit ouverte; qu'on ne peut transporter des droits successifs pendant l'existence de la personne dont on est héritier présomptif. On met alors** » : Le preneur, pour garantie de l'exécution du présent bail et le paiement des loyers, cède, transporte et abandonne au bailleur qui l'accepte : (*Désigner la chose transportée, la personne débitrice*). En conséquence, le bailleur est subrogé aux droits du preneur dans l'effet de créances ou des droits transportés, touchera à ses lieux et place et sur sa simple quittance le montant du présent transport pour l'imputer sur les loyers et les charges du présent bail et venir en déduction ou jusqu'à concurrence de ceux échus et à échoir sauf à en faire compte au preneur.

Ce transport doit être signifié aux débiteurs du cédant, à la requête du cessionnaire c'est-à-dire du bailleur.

FORMULE N° 2

Traité avec le ou les entrepreneurs pour les travaux à faire.

Entre les soussignés ;

M. X..., (*noms, prénoms, profession, demeure*), d'une part,

Et M. Y..., (*noms, prénoms*), entrepreneur de   , demeurant à   d'autre part.

A été convenu et arrêté ce qui suit :

Article I

M. Y..., s'engage à exécuter pour le compte de M. X..., les travaux de tels qu'ils sont détaillés dans le devis descriptif et estimatif annexé à ces présentes, après avoir été signé des parties, et conformément aux détails qu'il contient.

Les matériaux à employer devront être de la nature, de la qualité et de la quantité prévues audit devis, sans que le sieur Y.., puisse en rien modifier ni changer ; lequel est la loi des parties.

Les travaux devront être exécutés conformément au plan arrêté entre les parties, et sous la direction de   , architecte.

Cette clause s'inscrit lorsqu'on a recours à un architecte, ce que nous conseillons de faire.

Article II

M. Y.., ne pourra faire aucun changement, apporter aucune addition ou modification aux travaux désignés et détaillés au devis, sans le consentement exprès et par écrit de M. X..., à peine de les détruire et rétablir tels qu'ils sont indiqués et des dommages-intérêts qui pourraient être la conséquence du préjudice qu'éprouverait ce dernier.

Dans le cas où M. X.., autoriserait des changements, des additions, des modifications aux travaux indiqués au devis. Cette autorisation contiendrait les conditions de prix, déterminera la qualité des matériaux à employer, afin d'éviter toute contestation à cet égard.

Il est bien utile d'insérer cette clause, de tenir à son exécution, car ce sont ces changements auxquels on se laisse souvent entraîner qui occasionnent des mécomptes, et dépassent les prévisions.

Article III

Les travaux devront être terminés le   prochain, à peine de (*indiquer la somme fixée par chaque jour de retard*) somme à laquelle les parties estiment à forfait le dommage que causerait le retard apporté à leur terminaison et à leur livraison.

Ces dommages seront encourus par le seul fait du défaut de livraison des dits travaux, et d'une déclaration ou mise en demeure faite par acte extrajudiciaire (*par acte d'huissier*) signifiée à la requête de M. X... sans qu'il soit besoin d'autre formalité et d'avoir recours aux tribunaux pour interpréter la clause pénale et estimer le montant des dommages intérêts représentant le préjudice éprouvé.

Article IV

Le prix des travaux est fixé à forfait à la somme de
déterminée au devis descriptif et estimatif, sans que sous aucun prétexte il puisse être augmenté ou diminué sauf le cas prévu article II. *Si donc des changements étaient autorisés par le sieur X... la modification du prix stipulé serait indiquée par ladite autorisation.*

Article V

Les travaux seront payés savoir : Un tiers le   un deuxième tiers le   et le surplus six mois après leur réception par l'architecte qui les aura conduits. *On comprend que cette clause varie suivant les conventions.*

Fait et signé double à   le   . **On met sur timbre le devis estimatif ainsi que le plan, puis les parties les signent et les annexent aux présentes conventions, avec lesquelles elles forment un tout. De cette façon on évitera des discussions, des mécomptes, et on sait où l'on va.**

FORMULE N° 3

Acte de vente de Fonds de commerce, suivi de la Formule du procès-verbal d'estimation des marchandises.

Entre les soussignés madame X..... épouse judiciairement séparée quant aux biens de M. V.... par jugement rendu par le tribunal de   enregistré, signifié et exécuté et le sieur son mari pour la validité et l'autorisation demeurant ensemble à

Si la femme a été autorisée régulièrement à faire le commerce, elle n'a pas besoin de l'assistance de son mari pour l'autoriser, mais il faut l'énoncer ainsi : Autorisée à faire le commerce par le sieur son mari, aux termes d'une déclaration en date du
enregistrée et annexée à ces présentes : d'une part.

Et madame   épouse du sieur   avec lequel elle demeure à   autorisée à faire le commerce par son mari, aux termes d'une déclaration en date du   enregistrée et annexée à ces présentes : d'autre part. « **L'autorisation peut être donnée par l'acte de vente, il suffit de faire stipuler le mari comme assistant sa femme et l'autorisant à faire le commerce et à se livrer à tous les actes qui en sont la conséquence. S'il y a communauté de biens, le mari est solidairement engagé à l'exécution des obligations contractées par la femme à l'occasion de son commerce. »**

« **Nous avons dans cette formule fait stipuler deux femmes mariées pour indiquer ce qu'il y a à faire dans le cas où la vente et l'acquisition sont faites par des femmes, l'une séparée de biens, l'autre au contraire commune en biens.**

Article I

A été convenu et arrêté ce qui suit :

Madame   procédant sous l'autorisation maritale sus-énoncée, vend, cède, transporte et abandonne à madame   également autorisée de son mari à faire le commerce :

1º Le fond de commerce qu'elle exploite à   rue ainsi que la clientèle qui le compose, le matériel qui en dépend et qui consiste. (Désigner le matériel ou bien mettre : détaillé dans l'état annexé à ces présentes).

2º Les marchandises qui se trouvent dans les magasins, telles qu'elles sont détaillées en l'inventaire estimatif dressé entre les parties le à   annexé à ces présentes après avoir été signé d'elles.

Ou bien : Dont il sera fait état dans l'inventaire qui accompagnera la prise de possession.

Ou bien encore : Sans qu'il soit besoin de les détailler, l'acquéreur les ayant examinées, expertisées, avant la signature des présentes, s'en déclare satisfait, et déclare être prêt à en prendre possession après la signature des présentes, sans discussion aucune.

Quelquefois on fait pour les marchandises une stipulation dans les termes suivants :

L'acquéreur prendra le matériel et les marchandises (*ou les marchandises seulement si le matériel fait partie du prix de vente tel qu'il, ou telles qu'elles*) se trouveront lors de l'entrée en jouissance. Il en sera fait inventaire et l'acquéreur devra les prendre moyennant l'estimation amiable qu'en fera M.   désigné et nommé à cet effet par ces présentes d'un commun accord entre les parties ; ou M. M... (*si on a fait choix de deux personnes comme experts on ajoute* et faute par eux de s'entendre sur la valeur à donner aux marchandises, ils sont autorisés par ces présentes à choisir une troisième personne pour les mettre d'accord en les départageant.

Le tout sans l'accomplissement d'aucune formalité judiciaire les parties déclarant les en dispenser, entendant les choisir à titre d'amiables compositeurs et s'obligeant à accepter leur évaluation sans aucun recours en justice, et renonçant à attaquer leur décision, soit par la voie de l'appel, du recours en cassation ou de toute autre façon entendant qu'elle fasse la loi des parties.

Dans le cas où les parties conviendraient que les marchandises seront prises à prix de facture, on stipule ainsi :

L'acquéreur prendra les marchandises au prix de facture ; à cet égard le vendeur devra lui donner toutes les justifications nécessaires à l'appui des factures produites, constatant les prix moyennant lesquels il les a acquises. Le preneur aura toujours le droit de contrôler sur les livres du vendeur l'exactitude des prix indiqués.

Dans le cas où par suite du démodement, de la détérioration ou pour toute autre cause, on ferait subir une diminution à la valeur des marchandises telle qu'elle est constatée par les factures, on stipule une diminution sur le montant ; et on dit : L'acquéreur prendra les marchandises au prix de facture sous la déduction de   p. 100 sur le total, etc.

Dans le cas où l'acquéreur et le vendeur conviennent que ce sont les évaluations données au dernier inventaire qui détermineront le prix des marchandises ; on stipule : L'acquéreur prendra les marchandises se trouvant en magasin, au prix déterminé dans le dernier inventaire annuel fait par le vendeur, dont il déclare avoir pris connaissance ; quant aux marchandises portées au dit inventaire et qui n'existeraient plus dans les magasins, leur valeur sera défalquée du prix de vente, celles qui au contraire ne s'y trouveraient pas portées, à la condition qu'elles aient été acquises après la confection de l'inventaire, seraient payées au prix de facture. *On peut encore stipuler une diminution, et on ajoute alors ;* sous la déduction de p. 0/0.

« Il est plus sage, aussi bien dans l'intérêt du vendeur que dans celui de l'acquéreur, de fixer par l'acte de vente le prix déterminé pour les marchandises et de le comprendre dans celui de la vente. »

3º Le droit au bail des lieux ou s'exploite le fond de commerce présentement vendu, lequel fait par (*acte sous-seing privé ou par acte authentique énoncer la date du bail, son enregistrement ; s'il est sous-seing privé il faut copier la mention de l'enregistrement*), a encore une durée de   et expire le   .

Article II

L'acquéreur prendra les lieux sous-loués dans l'état où ils se trouvent actuellement, et devra les rendre conformément à l'état des lieux qui en a été dressé le et dont le double lui a été remis :

S'il n'y a pas eu d'état des lieux, on stipule qu'il devra les rendre à la fin de la jouissance en parfait état de réparations locatives.

Il exécutera aux lieux et place du vendeur toutes ces charges et obligations imposées par le bail, et profitera des avantages qui en résultent.

Il paiera entre les mains du propriétaire et en l'acquit du vendeur, les loyers à échoir au fur et à mesure de leur échéance.

Il acquittera entre les mains de l'administration, les impôts mis à la charge du vendeur par le bail présentement cédé de façon à ce que celui-ci ne soit jamais inquiété ni recherché.

Pour faciliter l'exécution du bail dont s'agit et de façon à ce que l'acquéreur ne puisse exciper de son ignorance sur les termes de l'acte, le vendeur à remis à l'acquéreur le double de ce bail, lequel rédigé sur un timbre de   est signé de M.   comme bailleur et de   comme preneur.

L'acquéreur s'oblige à mettre à la disposition du vendeur l'acte de bail dans le cas où ce dernier pourrait avoir besoin de le produire, d'en justifier ou d'en exciper pour n'importe qu'elle cause.

ARTICLE III

L'acquéreur remboursera au vendeur le jour de l'entrée en jouissance, la somme de   payée au bailleur pour les six mois de loyer d'avance imputables sur les deux derniers termes de jouissance, et ce sur la production de la quittance qui en constate le paiement par le vendeur.

ARTICLE IV

L'entrée en jouissance du fond de commerce présentement vendu, celle des lieux où il s'exploite, la prise de possession des marchandises, du matériel, de tout ce qui fait en un mot l'objet de la présente vente aura lieu le   c'est-à-dire à l'expiration des dix jours, à partir de la publication, pendant lesquels les droits des tiers sont réservés.

ARTICLE V

Outre les charges, clauses et conditions qui précèdent, la présente vente a lieu moyennant le prix principal de   « ce prix varie suivant qu'il ne comprend que le fonds de commerce, que la cession du bail, ou selon qu'il comprend les marchandises et le matériel, ou l'un ou l'autre. Les époques de paiement dépendent des conventions que nous ne pouvons prévoir.

« Dans le cas où le prix ne serait pas payé comptant, ou que pour une cause quelconque le vendeur exige soit une caution, soit un nantissement, soit une hypothèque, soit un transport de valeur à titre de garantie, il convient de se reporter aux modèles qui diffèrent suivant la nature de la garantie donnée et que nous avons indiqués sur la formule du bail. Il suffira de changer à cet effet, les mots qui doivent indiquer qu'il s'agit de vente au lieu de bail, sauf cette différence les stipulations seront faites dans les mêmes termes.

« L'acquéreur ne doit pas payer son prix avant les dix jours qui suivent la publication de l'acte de vente, et s'il survient des oppositions, il doit s'abstenir de tout paiement. Dans notre prochaine causerie, nous traiterons des difficultés qui peuvent se présenter, tant dans l'intérêt de l'acquéreur que dans celui du vendeur et même dans l'intérêt des créanciers de ce dernier. »

« La publication de la vérité doit se faire dans l'un des journaux désignés à cet effet par le préfet du département pour les annonces légales, elle doit être brève, du reste, nous allons en indiquer la formule. »

FORMULE N° 4

Publication de vente de fonds de commerce.

Par acte du   M.   (*nom, prénoms, demeure,domicile*), a
vendu à M.   (*mêmes indications*)   son fonds de commerce de
          qu'il exploitait à   Tout le matériel et les marchandises en
dépendant ; moyennant le prix stipulé. Les oppositions qu'auraient à faire les
créanciers ou toute autre personne ayant intérêt, soit à attaquer cette vente,
soit à s'opposer au paiement du prix seront reçues chez

FORMULE N° 5

Procès-verbal pour l'estimation du Matériel ou des Marchandises par les experts choisis.

L'an mil huit cent soixante-seize le   heure de   par
devant nous ; (*noms, prénoms, professions et domiciles des arbitres ou experts*) réunis
dans le cabinet de M.   l'un de nous, ont comparu M.
noms, prénoms, profession, qualité (*soit du vendeur, soit de l'acquéreur, soit des deux*).
Lesquels nous ont dit.
Que par acte sous seing privé, en date du   enregistré le
F° C/ R° ou V°, par le receveur qui a reçu les droits, contenant vente par M.
à M.   d'un fond de commerce (*industriel ou autre*) exploité à
rue   moyennant le prix de   nous avions été nommés à
l'effet d'évaluer le matériel, l'outillage, les marchandises dépendant du fond de
commerce, avec stipulation que le mandat qu'ils nous confiaient était celui
d'amiables compositeurs, qu'en conséquence nous devions procéder à cette estimation sans l'accomplissement d'aucune formalité judiciaire, que notre décision
serait en dernier ressort, et que faute de nous entendre sur la valeur à donner
aux objets faisant partie de la vente dont s'agit, nous avions le droit de choisir
et nommer un tiers de notre choix pour nous départager.
Qu'ils nous priaient d'accepter la mission qu'ils ont confiée par les conventions
réglant les conditions de la vente et de l'acquisition dont s'agit, s'engageant par
le présent à exécuter notre sentence dans toutes ses parties, comme celle qui
serait rendue par le tiers que nous nommerions en cas de partage.

Sur quoi obtempérant à cette prière, nous avons déclaré la mission dont s'agit dans les termes de l'acte sous seing-privé, qui nous désignaient et nous constituer en tribunal arbitral.

Et à l'instant, l'acquéreur et le vendeur ont déposé sur notre bureau : 1º l'acte de vente nous nommant aux effets que nous venons d'analyser, et nous avons indiqué aux parties le   heure de   pour nous transporter dans l'établissement, à l'effet de procéder à la mission qui nous est confiée, auxquels jour et heures les comparants se sont obligés à se présenter sans sommation préalable, et ont signé le présent procès-verbal.

Signatures des comparants et des arbitres.

Et le   heure   en conséquence de l'indication faite par notre précédent procès-verbal, nous arbitres experts soussignés nous sommes transportés à   rue   ou étant nous avons trouvés réunis M.   vendeur. M.   acquéreur et nous avons procédé à l'estimation dont nous étions chargés de la manière suivante :

Dans une pièce au rez-de-chaussée, etc.

Désigner *les choses estimées, mettre le chiffre de l'estimation à chaque article.*

Et si une séance ne suffit pas les arbitres rédigent ainsi.

Et vu l'heure avancée nous avons renvoyé la continuation de nos opérations à   heure de   et les parties se sont engagées à se présenter à ces jour, lieux et heure sans sommation préalable et on signé avec nous après lecture sous réserve de leurs droits.

Et le

On continuera les mêmes formalités jusqu'à la clôture.

Et enfin les experts terminent ainsi, s'ils sont d'accord.

Le montant de nos estimations s'élève à la somme de : se composant ainsi :   pour le matériel   pour l'outillage   pour les marchandises :

Que l'acquéreur est obligé de payer au vendeur dans les termes de leur convention et nous avons clos ainsi notre procès-verbal, en liquidant à la somme de

Les frais de notre expertise y compris les honoraires qui nous sont dus, lesquels seront supportés par l'acquéreur, *ou par les deux parties suivant que par leurs conventions se soit l'un ou l'autre qui en soit chargé.*

On ajoute ensuite l'adhésion à cette décision.

Les soussignés, après connaissance par eux prise de l'expertise et du procès-verbal qui précède, ont déclaré adhérer de la façon la plus formelle à la décision qu'il contient, et s'obligent à l'exécuter, chacun en ce qui le concerne sans aucun recours, et dispensent les arbitres d'en opérer le dépôt au greffe du tribunal, s'engageant à l'exécuter dans toutes ses dispositions, et ont signé à le

Si l'estimation n'a été faite que par un seul arbitre, il suffira de faire les changements du pluriel au singulier.

« Supposons le cas où les arbitres ne sont pas d'accord, et nomment un tiers

pour les départager. **Dans cette circonstance chaque expert donne son appréciation, il est dressé un état disposé en deux colonnes, l'une contenant l'estimation donnée à chaque article par l'un des experts, et celle donnée par l'autre dans l'autre, de manière que le tiers arbitre ne peut que choisir entre l'une ou l'autre, sans en donner une troisième qui serait en dehors de celles données, de manière qu'on tournerait dans un cercle vicieux, à moins qu'il en soit stipulé ainsi, et formellement par la convention ou par les actes y faisant suite. »**

Et ils font le procès-verbal ainsi : Ne pouvant tomber d'accord sur la totalité des estimations à donner, et en vertu des pouvoirs qui nous ont été donnés, nous déclarons choisir pour tiers arbitre M.   chargé de nous départager sur les points qui nous divisent et qui sont les suivants.

Indiquer les points sur lesquels les arbitres ne sont pas d'accord.

Le tiers arbitre rédige sa sentence ainsi.

Nous   tiers arbitre, choisi par MM.   arbitres amiables, compositeurs, nommés par acte sous seing-privé en date du enregistré le   pour statuer dans les termes indiqués au dit acte, sur les points désignés, après avoir accepté la mission à nous confiée et entendu les deux arbitres en leurs explications sur les points pour lesquels ils n'avaient pu se mettre d'accord, avons décidé :

Que sur le premier point il paraît équitable d'adopter le chiffre proposé par M.   sur le deuxième point, etc.

Et après avoir statué sur tous les points pour lesquels les arbitres étaient d'un avis contraire, nous avons arrêté notre décision de la façon ci-dessus indiquée, et clos notre procès-verbal.

Les frais de notre tiers arbitrage sont liquidés par le présent à la somme de   qui seront supportés pour ce qui nous concerne par moitié entre les parties.

Fait et délibéré à   le

« A la suite de cette décision les parties déclarent acquiescer à la sentence, dans les termes que nous avons indiqués précédemment; sinon le tiers arbitre dépose au greffe du tribunal et sa sentence et les autres pièces. La partie la plus diligente demande l'exéquatur, et dans notre prochaine causerie nous indiquerons les formalités à suivre pour l'obtenir, ou attaquer la décision. »

Nous avons cherché à traiter tous les cas qui se présentent en pratique, nous n'avons pas la prétention de les prévoir tous, mais nous sommes à la disposition de nos abonnés pour leur donner gratuitement les conseils que nécessiterait un cas que nous n'avions pas prévu.

(*A suivre*).

Paris. — Imp. E. Clémenceau, 10, rue des Petites-Écuries.

Dans une prochaine brochure, nous aurons á vous entretenir des sociétés en participation qui sont si multiples et qui peuvent donner lieu à des avantages considérables.

Les services que ce mode de sociétés peut rendre sont immenses.

Il vient de se former, sous le titre de Caisse coopérative, une administration dont le but est de former ces sociétés, à l'aide de fonds qu'elle apporte, et qui doivent donner un concours efficace au petit commerce, à la petite industrie, et aider ceux qui, faute de ressources, ne peuvent tirer partie de leur travail, de leur labeur et de leur invention.

Pour démontrer l'importance de cette création, il suffit d'ajouter qu'elle a fait en deux mois environ 2,500 participations avec quatre cents individus.

L'auteur s'empresse de reconnaître que c'est grâce à la Caisse coopérative qu'il va pouvoir, en publiant son ouvrage, rendre au public les services que les Causeries populaires seront appelées à lui rendre.

ABONNEMENTS

PARIS

**Un An, 18 fr. — Six Mois, 10 fr. — Trois Mois, 6 fr.
Livraison séparée, 1 fr. 75**

DÉPARTEMENTS ET L'ÉTRANGER, LE PORT EN SUS

L'abonnement donne droit pendant toute sa durée :

1° Aux consultations orales ou écrites, sur toutes les questions de fait et de droit, sur tous les litiges ou procès qui peuvent intéresser l'abonné ;

2° A la représentation à toutes les assemblées d'actionnaires, réunions de créanciers ou autres ;

3° A tous les renseignements sur toutes les sociétés, affaires industrielles, etc. ;

4° A une prime qui consiste à faire bénéficier l'abonné de la remise de la 1re annuité d'assurances sur la vie, contre l'incendie et autres accidents.

Paris. — Pap. E. CLÉMENCEAU, 10, rue des Petites-Écuries.